또 하나의 월급
GPL채권
나는 월세보다 GPL이 좋다

또 하나의 월급
GPL채권
나는 월세보다 GPL이 좋다

초판 1쇄 발행 2022. 11. 9.
  2쇄 발행 2024. 10. 7.

지은이 오영일
펴낸이 김병호
펴낸곳 주식회사 바른북스

편집진행 김재영
디자인 김민지

등록 2019년 4월 3일 제2019-000040호
주소 서울시 성동구 연무장5길 9-16, 301호 (성수동2가, 블루스톤타워)
대표전화 070-7857-9719 | **경영지원** 02-3409-9719 | **팩스** 070-7610-9820

•바른북스는 여러분의 다양한 아이디어와 원고 투고를 설레는 마음으로 기다리고 있습니다.

이메일 barunbooks21@naver.com | **원고투고** barunbooks21@naver.com
홈페이지 www.barunbooks.com | **공식 블로그** blog.naver.com/barunbooks7
공식 포스트 post.naver.com/barunbooks7 | **페이스북** facebook.com/barunbooks7

ⓒ 오영일, 2024
ISBN 979-11-6545-928-4 03320

•파본이나 잘못된 책은 구입하신 곳에서 교환해드립니다.
•이 책은 저작권법에 따라 보호를 받는 저작물이므로 무단전재 및 복제를 금지하며,
 이 책 내용의 전부 및 일부를 이용하려면 반드시 저작권자와 도서출판 바른북스의 서면동의를 받아야 합니다.

나는 월세보다 GPL이 좋다

또 하나의 월급
GPL 채권

오영일 지음

황금알을 낳는 거위 현실판 투자방법
부자와 은퇴자의 1순위 목돈 굴리는 방법

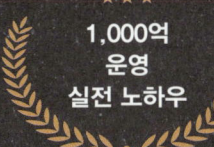

1,000억
운영
실전 노하우

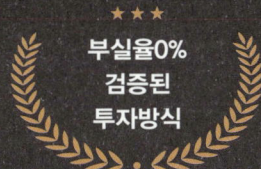

부실율0%
검증된
투자방식

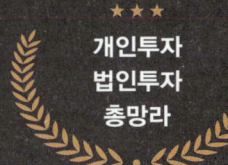

개인투자
법인투자
총망라

바른북스

p·r·o·l·o·g·u·e

쉽게 쓰자.

'이 책을 읽는 사람이 초등학생이어도 이해할 수 있도록 쓰자.'라는 생각으로 글을 정리해나갔다. 필자는 2007년부터 재무상담사로서 돈을 다루는 일을 하고 있다. 돈을 다루는 것을 재테크라고도 하는데 재테크는 학교에서 배우지 않다 보니 특별히 관심을 두는 사람이 아니라면 초등학생과 별반 다르지 않은 입장이다.

필자는 16년간 고객들에게 어렵게 느껴질 수도 있는 재테크를 가장 쉽게 설명하고 이해를 돕기 위해 노력해왔다. '구슬이 서 말이어도 꿰어야 보배'라고 하듯 아무리 좋은 지식 공유도 듣는 이의 입장에서 불편하면 그건 지식 공유가 아니라 밤거리의 우당탕

탕 달리는 오토바이처럼 불쾌한 소음일 수 있다. 추운 겨울날 반 정도 식은 커피를 편하게 마시듯 이 책의 내용이 당신에게 다가가기를 바란다. 또한 한 장 한 장 넘기며 쉽게 설명하기 위해 노력한 필자의 정성이 당신에게 가닿기를 기대해본다.

이 책은 GPL채권 투자를 이해하고 또 하나의 월급을 만드는 데에 도움이 될 수 있기를 바라는 마음으로 쓰기 시작했다. 어릴 적 읽은 동화 《황금알을 낳는 거위》를 기억하는가? 우리 모두는 황금알을 낳는 거위를 키우고 싶다. 집에 황금알을 낳는 거위가 있어 매달 같은 날 같은 시간에 황금알을 낳아주면 얼마나 좋겠는가? 그러나 이건 생물학적으로나 물리학적으로나 불가능한 허상이다. 그러나 우리가 황금알을 낳는 거위를 갖지는 못해도 황금알을 낳는 거위처럼 '매달 돈이 들어오는 시스템'을 만들 수는 있다. 그래서 GPL채권=황금알을 낳는 거위라고도 한다. 황금알을 낳는 거위를 갖기 위한 노력으로 이 책을 선택한 당신께 축하의 박수를 보낸다.

'안 먹어본 사람은 있어도, 한 번만 먹어본 사람은 없다.'라는 말을 들어본 적이 있을 것이다. 맛있는 음식을 일컫는 말이다. GPL

채권이 이런 것이다. '한 번도 안 해본 사람은 있어도 한 번만 해본 사람은 없다.'는 것이다. GPL채권에는 어떤 매력이 있어서 이런 말이 어울리는 것일까? 간단하다. 안전하고 만족스러운 현금흐름을 만들어준다. 안정적인 현금흐름은 우리 삶을 뒷받침해주는 든든한 버팀목이 된다.

또한 특별한 노동을 하지 않아도 내 통장에 매월 들어오는 돈은 열심히 일하고 받는 월급과는 느낌이 굉장히 다르다(열심히 일하고 받는 돈을 무시하는 것은 아니니 오해 없기를). 이건 경험해봐야 알지, 도저히 말로는 설명할 수 없는 영역이다. 마치 그동안 열심히 살아온 나의 과거 시간이 오늘의 나를 안아주는 기분이다.

필자는 재산이 많은 것도 중요하지만 편하게 사용할 수 있는 현금흐름을 중요하게 생각한다. 편하게 사용할 수 있는 가장 좋은 돈은 연금처럼 매달 따박 따박 들어오는 돈이다. 이번 달에 다 써도 다음 달에 또 들어온다. 얼마나 상쾌한 상태인가. 20년 근속한 공무원을 부러워하는 이유가 바로 이것이다. 써도 써도 계속 들어오는 돈. 공무원은 20년간 근속하며 황금알을 낳는 거위를 갖게 된 것이다. 다행히도 필자는 공무원이 아니어서 20년 근속을 하지 않고도 황금알을 낳는 거위를 가질 수 있었다.

GPL채권은 황금알을 낳는 거위이다. 근로소득자에게는 또 하나의 월급이 될 것이고, 은퇴자에겐 단절되거나 축소된 소득을 현역 때처럼 만들어줄 것이다. 당신도 황금알을 낳는 거위를 갖고 경제적 자유에 한 발 더 가까이 가기를 바란다.

자 이제 GPL채권을 통해 황금알을 낳는 거위를 만나러 가보자.

2022년 여름 오영일

목차

프롤로그

1
GPL채권 투자가 뭐예요?

- 채권을 알면 GPL채권이 보인다 　　　　　　　　　　17
- 그래서 GPL채권 투자가 뭐예요? 　　　　　　　　　　22
- GPL채권 투자 어디서 하나 　　　　　　　　　　　　25
- GPL채권 투자 절차 및 방법 　　　　　　　　　　　　27
    - ★ 투자(대출)기간 1년인 이유
    - ★ 세금은 27.5%
    - ★ GPL채권도 분산투자
- GPL채권 투자는 한마디로 　　　　　　　　　　　　　35
    - ★ 건물주를 부러워하는 이유
    - ★ 직장인과 건물주의 차이
    - ★ 불로소득은 일을 하지 않는 것이 아니다

당신이 GPL채권을
알 수 없었던 이유

- GPL채권 난 처음 들어보는데? 45
- 유형의 상품 vs 무형의 상품 47
- 정보를 선점한 공인중개사 49
- 그들만의 리그 51
- 소매금융 vs 도매금융 53
- 그들만의 리그에 들어가는 방법 55

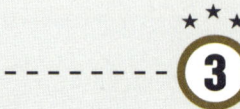

GPL채권이 안전한 이유

- 💰 채무자가 돈 못 갚으면 　　　　　　　　　　　　61
  - ★ 경매로 배당
  - ★ 연체로 인한 수익률 상승
  - ★ NPL채권매각으로 투자금 회수
  - ★ GPL채권부실을 기다리는 NPL투자자
  - ★ NPL채권으로 돈 벌기 어려운 이유
- 💰 안정성의 척도 LTV 비율 　　　　　　　　　　　69
  - ★ 적정 LTV 비율은?
  - ★ 아파트 폭락의 역사
- 💰 부동산담보 가격이 투자금보다 내려가면 　　　　74
- 💰 GPL채권의 보험 채권매입약정 　　　　　　　　77
  - ★ 채권매입약정을 왜 하지?
- 💰 GPL채권 투자한 대부법인이 부도나면 　　　　 81

어떤 사람들이
GPL채권 투자하나

| 💰 매월 들어오는 돈이 중요 | 91 |
| 💰 목돈으로 뭘 할지 모르겠다 | 93 |

　　★ 현금 80억 원이 생겼다
　　★ 새로운 삶의 시작

| 💰 상가 팔고 GPL채권으로 월세 받는 이유 | 102 |

　　★ 공실의 위험
　　★ 좋은 세입자 만나기란
　　★ 상가 임대수익률
　　★ 애물단지 상가보다 GPL채권

| 💰 GPL투자로 건강보험료 부담 줄이는 방법 | 111 |

　　★ 피부양자 전략
　　★ 직장가입자 전략

| 💰 아파트 월세보다 GPL채권이자가 좋은 이유 | 121 |

GPL채권 투자 시 주의사항

- GPL채권 투자에서 신경 써야 할 두 가지 리스크　　129
- GPL채권의 보험 채권매입약정　　133
  - ★ 채권매입약정 되는 명품 GPL채권
- 권리 분석 의외로 쉽다　　140
  - ★ 대항력 있는 임차인
  - ★ 선순위 근저당보다 무서운 세금체납&임금체불

GPL채권 투자의 꽃 1인 대부법인

- 대부법인은 좋은 것이다　　159
- 돈이 돈을 버는 대부법인　　162
- 대부법인으로 절세효과를 극대화시키기　　164
- 대부법인 운영에 들어가는 고정 비용　　171
  - ★ 일회성 비용
  - ★ 연간비용
  - ★ 월간 비용
  - ★ 대부법인 대표자 4대 보험

GPL채권 투자도 단점은 있다

- GPL채권으로 부자 될 수 없다   183
- 조기 상환의 번거로움   187
- GPL채권의 적 대출사기   190
- 대부법인을 못 믿겠다   194

그 밖의 이야기

- GPL채권 투자 언제까지 할 수 있을까?   201
- GPL채권은 이자소득세가 27.5%?   206
- P2P와 대부법인 GPL채권 투자의 차이점   208
- GPL채권 투자를 위한 업체 선정 기준은?   210

에필로그

GPL채권 투자가 뭐예요?

채권을 알면
GPL채권이 보인다

　GPL은 Good Performing Loan의 약자이며, 정상채권, 부동산담보부채권이라고도 부른다. GPL채권 투자는 담보를 제공하는 사람에게 돈을 빌려주고 이자를 받는 것이다. 이자는 매월 수령하고 만기에 원금을 돌려받는다. 만일 이자가 안 들어오거나 만기에 원금이 상환되지 않으면 담보물건을 경매로 진행하여 투자금을 회수한다. 이게 GPL채권이다. 무슨 말인지 이해는 되면서도 궁금한 부분이 많이 있을 것이다. 지금부터 차차 알아나가 보자. 다행인 점은 당신이 궁금해할 만한 내용은 이 책에 다 담겨져 있다. 그러니 이 책을 덮을 때에는 GPL채권에 대해 온전히 이해한 상태가 되어 있을 것이다.

 GPL채권을 이해하기 위해서는 채권의 개념을 먼저 정리하고 갈 필요가 있다. 채권은 많이 들어봤으면서도 선뜻 이해가 안 가는 부분이기도 하다. 그리고 채권의 개념을 제대로 이해하고 있어야 앞으로 GPL채권 투자를 이해하는 데 도움이 된다.

 채권이란 돈을 빌려주는 것이다. 반대말로는 채무가 있는데 채무는 돈을 빌리는 것이다. 돈을 빌려준 사람은 채권자, 돈을 빌린 사람은 채무자가 된다. 이 둘의 관계를 우리는 채무관계에 얽혀 있다고도 한다. 자 스토리를 통해 채권에 대해 이해해보자.

 여기 꿈 많고 진취적인 나사장이라는 사람이 있다. 나사장은 좋은 아이템으로 신규 사업을 준비하고 있다. 아이템도 있고, 같이 일할 사람도 있다. 그러나 문제는 자본이 부족하다는 것이다. 신규 사업을 하는 데 10억 원이 필요한데 나사장의 수중에는 7억 원밖에 없다. 3억 원이 부족해서 좋은 아이템으로 사업을 시작할 수 없는 상황에 놓인 것이다. 이때 나사장은 부족한 3억 원을 마련하기 위해 3가지 방법을 동원할 수 있다.

 첫째는 은행과 같은 금융기관에서 대출을 받는 것이다. 소득이 높고 신용이 좋다면 은행에서 돈을 빌리는 것이 어렵지 않겠지만 그렇지 않다면 담보를 제공할 수 있어야 한다. 은행 입장에서 보면 계획만 있다고 하여 돈을 빌려줄 수는 없는 노릇이니 이런 까다로운 조건도 이해가 된다. 은행에서 돈을 빌릴 수 없다면 두 번째와 세 번째 방법에 집중해야 한다.

둘째는 투자를 받는 것이다. 총 필요한 돈 10억 원 중 7억 원은 있으니 3억 원을 투자 받는 것이다. 나사장은 본인의 사업에 투자할 사람을 찾아다니며 사업설명을 했다. 그중 나사장의 사업이 잘 되겠다고 판단한 나투자 씨는 나사장에게 3억 원을 투자해주기로 했다. 나사장은 나투자 씨에게 투자의 대가로 신규 사업의 지분 30%를 준다. 지분 30%의 의미는 나사장이 10억으로 사업을 시작하고 돈을 벌면 번 돈에서 필요경비 및 세금 등을 제외하고 순수하게 벌어들인 돈의 30%는 나투자 씨의 몫이라는 것이다. 일도 안 하고 돈만 투자한 사람한테 30%나 떼어 주는 게 억울하게 생각될 수도 있다. 그러나 나사장은 3억을 투자해준 나투자 씨가 없었다면 좋은 아이템으로 사업을 시작할 수도 없었고, 본인 몫 70%도 벌 수 없었을 것이다. 나투자 씨 덕에 70% 수익을 가져갈 수 있게 되었으니 30% 정도는 기분 좋게 나눠 갖는 것이다.

그리고 이런 상황은 사업이 잘 됐을 때의 상황이고 만약 나사장의 사업이 쫄딱 망하기라도 했으면 나투자 씨는 돈을 한 푼도 돌려받지 못한다. 말 그대로 투자이기 때문이다. 이런 위험을 안고 투자했으니 30%의 몫을 받아도 되는 것이다. 나투자 씨 입장에서는 위험을 감수한 수익이라는 것이다. 그래서 투자할 때는 돈을 잘 벌 수 있을 것 같은 대상에게 하는 게 중요한 것이다. 정리하자면 투자를 받은 나사장은 사업이 잘되든 안 되든 투자금을 돌려줘야 하는 의무는 없다. 대출을 받았을 때보다는 상대적으로 마음의 부담이 덜하다. 단 돈을 벌었을 때는 투자자와 나눠 가져야 한다.

나사장이 돈을 마련하는 세 번째 방법은 채권을 발행하는 것이다. 이건 은행의 대출과 비슷하며 주식과는 반대되는 개념이다. 나사장은 사업에 자신이 있었다. 사업을 시작하기만 하면 돈을 많이 벌 것 같았다. 그래서 그 돈을 누군가와 나누기는 싫었다. 지분을 주기는 싫고 그냥 이자만 주고 싶었다. 근데 깐깐한 은행은 나사장에게 담보가 없다며 돈을 빌려주지 않았다. 은행이 돈을 안 빌려준다고 포기할 나사장이 아니다. 그래서 나사장은 채권을 발행하기로 한다. 채권을 발행한다는 것은 돈을 빌린다는 것이다. 나사장은 돈을 빌리기 위해 여기저기 다니며 또다시 사업설명을 했다. 당신이 돈을 빌려주면 이런 사업을 해서 돈을 벌고 이자는 얼마로 적용해서 상환하겠다고 한 것이다. 나사장의 설명을 들은 사람 중 나채권 씨가 나사장에게 돈을 빌려주기로 했다. 나사장은 돈을 빌렸다는 것을 종이에 적어서 채권 증서를 만들어 준다. 채권 증서에는 이렇게 적혀 있다.

"○○년 ○○월 ○○일에 나사장은 나채권에게 원금 3억 원과 이자 연 5%를 주겠다."라고 말이다. 이제 나채권 씨는 채권자 나 사장은 채무자가 된 것이다. 나사장은 신규 사업에 필요한 돈을 마련했기 때문에 이제 마음껏 본인의 사업을 하면 된다. 그리고 투자를 받지 않고 채권을 발행한 것이기 때문에 돈을 아무리 많이 벌어도 이자만 주면 되는 것이다. 그러나 반대로 사업이 잘 안 돼서 돈을 벌지 못해도 나사장은 나채권 씨에게 채권 만기일에 3억 원과 약정된 이자 연 5%를 지급해야 한다. 아무래도 투자를 받았을 때보다는 부담감이 있다.

그래서
GPL채권 투자가 뭐예요?

자 다시 GPL로 돌아가 보자. GPL은 정상채권이라고 했다. 이는 대출을 해주고 정상적으로 이자를 받는다는 것이다. 우리의 목적은 은행이 돈을 빌려주고 이자를 받는 것처럼 우리도 누군가에게 돈을 빌려주고 매월 이자를 받는 것이다. 다만, 돈을 빌려줄 때는 그냥 빌려주면 안 된다. 왜냐하면 돈이란 건 앞서서 빌려주고서도 받기 힘든 것이기 때문이다.

앞서 본 나투자 씨는 돈을 빌려 사업을 했는데 만일 사업이 실패하면 나채권 씨에게 3억 원을 돌려주지 못할 수도 있다. 이때 나채권 씨 입장에서는 빌려준 돈을 회수하기 위해 할 수 있는 게 아무것도 없다. 민사소송을 진행해 지급명령을 받는다 해도 나사장이 줄 돈이 없으면 아무 소용없다. 소송을 해도 법원에서는 언제까지 돈을 지급하라고 명령은 하지만 나사장 씨가 돈을 줄 수 없는 상황이면 법원도 어떻게 할 도리가 없다. 그러니 돈을 빌려줄 때는 채무자가 상환할 여력이 되는지, 상환하지 못할 경우 내 돈을 보호할 장치가 있는지를 파악한 후에 돈을 빌려줘야 한다.

그래서 GPL채권 투자를 진행할 때는 채무자가 상환하지 못했을 경우를 대비하여 우량한 담보를 제공할 수 있는 사람에게만 돈을 빌려주고 이자를 받는다. 이런 이유로 GPL채권을 부동산담보부채권이라고도 부르는 것이다. 필자는 GPL채권 투자를 할 때 채무자가 상환하지 못할 것이라는 불편한 가정을 하고 진행한다. 채무불이행이 될 것이라고 가정하기 때문에 시작부터 안정성을 확보하기 위한 장치를 마련해둔다. 이렇게 해야 채무불이행이 됐을 때 인상 찌푸리지 않고 편안하게 투자금을 회수할 수 있다. 그래서 GPL채권 투자할 때 가장 중요한 것은 바로 담보물건이다.

담보물건에는 종류가 다양하다. 모든 부동산은 담보가 될 수 있다. 아파트, 빌라, 오피스텔, 상가, 공장, 토지 등 경매가 가능한 부동산은 담보물로 취급된다. 이중 가장 좋은 담보는 무엇일까? 우리에게 친숙한 아파트? 그렇지 않다. 가장 좋은 담보는 내가 가장 잘 아는 분야의 물건이다. 공장부지 경매를 오래 해온 사람들은 공장의 가치 평가를 누구보다 잘할 것이다. 그런 이들에게는 공장이 가장 마음 편하고 안전한 담보가 될 것이다. 그러나 대부분의 사람들은 이런 물건에 경험이 없다. 그래서 아파트를 담보로 하는 경우가 가장 많은 것이다.

  아파트는 KB시세 및 거래 가격 확인이 어렵지 않아 누구나 해당 물건의 가치를 손쉽게 확인할 수 있다. 그러다 보니 GPL채권 투자자 중 대부분은 아파트 물건에 투자를 하게 된다. 이런 아파트담보GPL채권 투자가 좋은 면도 있지만 아쉬운 점도 있다. 아파트라는 담보가 있기 때문에 안전하고 편하게 진행할 수 있다는 장점은 있지만 상가나 공장을 담보로 하는 GPL채권보다는 이자가 적다. 그도 그럴 것이 모든 가격은 경제 제1의 원칙 수요와 공급에 의해서 결정되지 않는가. 아파트 담보보다는 공장 담보가 투자할 사람이 적다. 그러니 공장을 담보로 돈을 빌리려고 할 경우에는 상대적으로 높은 이자를 지불해야 한다. 투자자 입장에서는 수익률이 올라가는 것이다. 반대로 아파트를 담보로 하는 GPL채권은 상대적으로 투자자가 많다 보니 이자가 적다. 그러니 무조건 어떤 담보가 좋다는 것은 없으며 본인의 상황에 맞는 걸 선택하면 된다.

  그리고 담보물건이 있다 해도 다 안전한 건 아니다. 담보가 있지만 없는 것이나 마찬가지인 담보도 있다. 이 내용은 뒤의 GPL투자가 안전한 이유에서 설명하도록 하겠다.

GPL채권 투자 어디서 하나

GPL채권 투자는 어디에서 하는 것일까? 우리가 자주 가는 은행이나 증권사 같은 금융기관이 아닌 대부법인을 통해 GPL투자를 진행하게 된다. 필자도 고객들이 GPL채권에 투자할 수 있도록 대부법인을 설립하여 운영하고 있다. 여기서 대부법인이란 말을 들으면 일단 거부감이 생기는 사람도 있다. 그도 그럴 것이 대부법인 하면 떠오르는 이미지가 있기 때문이다. 그러나 필자는 대부법인을 운영하고 대부법인을 운영하는 사람들을 많이 알고 있는데 영화나 미디어에서 본 그런 사람은 단 한 번도 본 적이 없다. 다들 합법적으로 돈을 벌고, 가족들 먹여 살리기 위해 하루하루 노력하며 살아가는 평범한 사람들이다.

 돈을 번다는 것은 누군가에게 도움을 주고 그에 대한 대가로 정당한 페이를 받는 것이다. 자 한번 떠올려보라. 돈을 벌기 위해 누군가를 도와주지 않는 사람이 있는지? 근로자는 회사가 돈을 벌게 도움을 주고 자영업자는 손님들이 필요로 하는 서비스를 제공하고 돈을 번다. 도움을 주지 않고 돈을 버는 사람은 사실 돈을 버는 게 아니라 돈을 갈취하고 뺏는 행위를 하는 사람들이다. 즉, 범죄자이다. 물론 대부법인을 운영하는 사람 중에서도 불법을 저지르고 우리가 갖고 있는 이미지대로 생활하는 사람들이 있을 것이다. 그러나 이건 대부법인뿐만 아니라 어느 곳에서나 마찬가지이다. 그러니 대부법인에 대한 불편한 이미지는 가질 필요가 없다.

GPL채권 투자
절차 및 방법

필자가 운영하는 대부법인의 기준으로 GPL채권 투자의 절차와 실사례를 들어보도록 하겠다.

GPL채권 투자를 개인이 혼자 하기에는 무리가 있고 GPL채권 투자를 전문적으로 하는 대부법인과 연계하여 투자를 진행해야 한다. 왜냐하면 권리 분석 및 법적인 업무 정도야 개인이 공부하면 얼마든지 할 수 있지만 중요한 건 물건 확보다. GPL채권 투자는 우량한 담보를 제공하고 대출을 받는 사람에게 돈을 빌려주고 이자를 받는 것인데 그런 사람을 개인이 찾는 데에는 한계가 있기 때문이다. 집을 사고팔 때와 마찬가지인 것이다. 이사를 가기 위해 집을 알아볼 때 그 많은 집 중에 누가 얼마에 집을 내놓았는지 알 수가 없다. 또 집을 파는 사람은 누가 집을 사려고 하는지 알 수가 없다. 간혹 집을 팔기 위해 온라인 카페 등에 글을 올리는 경우도 있는데 부동산 거래 같은 일시적인 거래는 일회성으로 그렇게 할 수는 있겠지만 이것도 보통 일은 아니다. 그래서 우리는 공인중개사무실을 찾아간다. 그곳에는 집을 사려는 사람과 집을 팔 사람들이 북적거리고 있다. 거기서 나와 니즈(need)가 맞는 사람과 거래를 진행하고 공인중개사에겐 중개보수를 지급한다. 마찬가지로 대부법인이 하는 일은 돈을 빌리고자 하는 사람과 돈을 빌려주고 이자를 받고 싶은 사람을 연결해주는 것이다. 그래서 필자는 스스로를 우스갯소리로 돈의 중개사라고도 표현하기도 한다.

자 이제 GPL채권 투자의 절차를 살펴보자.

1. 자금조달 희망자 대부법인에 대출 요청
2. 대부법인 대출심사
3. 대부법인 심사에 통과된 물건 물건분석표 작성
4. 대부법인 물건분석표 투자 희망자에게 제공
5. 투자자 대부법인에 투자 의사표현
6. 투자자 필요서류 준비하여 대부법인과 계약서 작성 및 투자금 입금
7. 대부법인 대출실행과 동시에 근저당권 및 질권 설정 등에 관한 업무처리

8. 대부법인 투자자에게 매월 이자 지급

9. 대부법인 대출 만기 또는 중도 상환 시 투자자에게 원금상환 및 이자 지급

우선 자금조달을 희망하는 사람이 대출을 신청하면 대부법인은 심사를 한다. 여러 가지 고려사항을 따져서 안전한 투자가 될 수 있다고 판단이 되면 그 내용을 물건분석표로 정리하고 투자 희망자들에게 제공한다. 그럼 투자하기를 원하는 사람은 대부법인에게 투자 의사를 표현하고 필요한 서류를 준비하여 계약서 작성 후 투자금을 입금한다. 대부법인은 대출실행 및 근저당권 설정 등의 업무절차를 법무사를 통해 진행한다. 이후부터 투자자는 매월 정해진 날짜에 이자만 받으면 되고 만기가 되면 원금을 돌려받으면 된다.

투자(대출)기간 1년인 이유

필자의 대부법인은 [그림1]과 같은 물건분석표를 투자자에게 제공한다.

표에서 보듯 투자 기간은 1년이다. 은행처럼 30년 장기 대출로 진행되지 않는다. 투자 기간은 대부법인마다 다를 수 있다. 필자의 대부법인은 모든 대출의 만기를 1년으로 한다. 즉, 모든 투자 기간도 1년이다. 1년을 넘기지 않는 이유는 부동산 시장은 늘 변

화하기 때문이다.

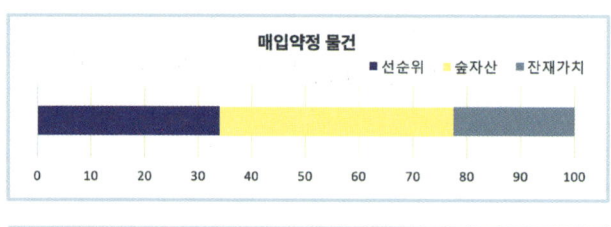

[그림1]

또 하나의 월급 GPL채권

대출 1년 만기가 되는 시점에 채무자는 대출 만기 연장을 요청할 수도 있다. 이때 대출 연장 시점에 해당 담보물건의 가치를 다시 평가하여 대출 연장 여부를 결정한다. 채무자에게는 미안한 얘기지만 그들은 자신의 상황이나 계산에 따라 의도적으로 돈을 안 갚을 수도 있다. 예를 들어 5억 원짜리 집에 3.5억 원을 대출받았다. 근데 1년간 부동산 시장이 하락하여 집값이 3억 원으로 떨어졌다고 가정해보자. 이때 채무자는 이런 생각을 할 수도 있다. '3.5억 원을 갚느니 차라리 연체해서 경매로 집 넘기고, 나는 3.5억 원보다 낮은 3억 원으로 집을 다시 사는 게 더 유리하다.'라고 말이다. 이런 채무자의 행동이 도덕적으로는 문제가 되겠지만 산술적으로는 채무자에게 이득인 셈이다.

그럼 대출해준 사람은 3.5억 원 빌려줬는데 상환되지 않으니 법원에 경매신청을 하게 되고 시세대로 낙찰된다고 가정하면 3억 원을 받고 채권은 소멸된다. 5,000만 원의 손실이 발생하는 것이다. 이런 가정을 보고 '에이 설마 이런 사람이 있겠어?'라고 생각할 수 있지만 이런 사람 있다. 세상에는 다양한 사람들이 있지 않은가. 우리가 예상하는 사람은 다 있다. 심지어 예상치 못한 사람도 있는 게 이 세상이다.

이런 채무자를 만나고 이런 상황이 오더라도 만기가 1년이면 충분히 대응이 가능하다. 아파트의 가격은 주식처럼 하루아침에 급등락하지 않는다. 그렇기 때문에 만기가 1년으로 되어 있으면 대출만기 연장 요청 시 부동산 시장의 상황을 고려하여 연장 여부를 결정하면 되는 것이다. 만일 은행처럼 만기가 길면 중간에 부동산 가치의 변화에 따른 리스크를 관리할 수가 없다. GPL채권 투자의 매력은 월세처럼 매월 정해진 이자를 받는 것이다. 그럼 1년보다는 조금 더 길게 대출을 해주고 이자를 받는 게 편의상 나을 것이다. 그러나 편의를 위해 안정성을 포기할 수는 없는 것이다. 필자는 번거롭지만 안전하게 가는 것이 가장 중요하다고 생각한다.

세금은 27.5%

필자의 대부법인은 세전 연 8%의 이자를 지급하고 있다. 여기에 세금 27.5%를 제외하면 연 5.8%이다. 투자금 1억 원당 세후 483,333원 약 50만 원의 이자소득이 만들어지는 것이다. 여기서 27.5%라는 세율에 깜짝 놀라는 사람이 있을 것이다. 왜냐하면 우리가 알고 있는 이자소득세율은 15.4%이기 때문이다. 여기서 하나 알고 넘어갈 것이 이자소득에는 여러 가지가 있다. 그중에 우리가 은행에서 받는 이자에 대한 세율이 15.4%인 것이며 GPL채권 투자 시에는 이자소득세 중 비영업대금의 이익으로 분류가 되어 27.5%의 세율에 적용된다. 27.5%라니 적지 않은 세금이다. 그러니 GPL투자를 할 때는 세전 수익이 아닌 세후 수익을 보고 투자에 대한 의사결정을 하는 것이 좋겠다. 세율이 높아 실망하는 사람도 있을 것이다. 그러나 아직 실망하기엔 이르다. 다행히도 GPL채권 투자 시 절세할 수 있는 방법이 있다. 이 부분은 6장에서 자세히 다루도록 하겠다.

GPL채권도 분산투자

[그림1] 물건분석표를 보면 투자금이 1억 5,000만 원이다. 이때 1억 5,000만 원을 한 사람이 투자할 수도 있고, 각각 5,000만 원씩 3명이 투자할 수도 있다. 필자가 추천하는 방법은 하나의 물건에 자신의 전체 투자금을 넣지 말고 조금씩 나누어 투자하기를 권한다. 이렇게 분산하여 투자하라는 말을 들으면 마치 안정성 때문인 것으로 생각할 수 있다. 하지만 안정성 때문이 아니다. 하나의 물건에 투자해도 GPL채권 투자는 안전하다. 그럼 왜 여러 개로 나누어 투자하는 게 좋을까? 중도 상환 때문이다.

대출은 만기가 있다. 그리고 채무자는 만기가 되기 전 조기 상환을 할 수 있다. 우리가 투자할 물건 즉, 대출을 받아간 차주가 중도 상환을 하게 되면 매월 들어오던 이자가 끊기게 된다. 물론 필자의 대부법인처럼 다량의 물건을 확보하고 있는 곳에서는 중도 상환이 되면 다른 물건에 바로 이어서 재투자를 할 수가 있다. 그러나 세상일이 내 뜻대로 만은 안 돼 듯이 필자의 대부법인도 때에 따라서는 몇 주 정도 기다리는 일이 생길 수도 있다. 필자의 대부법인을 통해 투자하시는 분들을 보면 은퇴자가 주를 이루고 있으며 GPL채권 투자에서 발생하는 이자소득을 생활비로 사용하는 경우가 많다. 그럼 1개월만 이자가 안 들어오게 되어도 생활에 불편함이 생길 수 있다. 그러니 1억 원을 투자하는 것이라면 3,000만 원, 3,000만 원, 4,000만 원으로 나누어 투자하는 게 좋다. 그럼 하나의 물건이 조기 상환 되고 바로 재투자가 이루어지지 않는다 하더라도 불편함은 최소화할 수 있다. 물론 이렇게 하면 3개 계약서를 작성해야 하는 번거로움은 생긴다. 만일 GPL채권 투자로 생활비를 충당하는 상황이 아니라면 굳이 나누어 할 필요는 없다. 번거로움을 자처할 필요는 없지 않은가. 그러니 투자금을 배분하여 조기 상환에 대비하거나 하나의 투자로 편의성을 높이거나 자신의 상황에 맞추어 선택하면 된다.

GPL채권 투자는 한마디로

앞서 살펴본 내용을 정리하면 GPL채권 투자는 한마디로 '대부법인을 통해 아파트를 담보로 하여 돈을 빌려주고 매월 이자를 받는 것.'이다. 조금 고급진 표현으로는 아파트담보부채권투자라고 말한다. 앞서 우리는 채권에 대해 이해했다. 채권은 돈을 빌려주고 이자를 받는 것이다. GPL채권은 일반 채권과 달리 부동산을, 그중에서도 가치 확인이 용이한 아파트를 담보로 설정하는 것이다. 은행도 우리에게 돈을 빌려줄 때 안전성을 확보하기 위해 아파트를 담보로 설정한다. 그리고 채무자는 은행에게 매월 이자를 납부한다. 만일 채무자가 그 이자를 갚지 못하게 되면 은행은 경매를 통해 대출금을 회수한다. GPL채권 투자자는 은행이 담보대출을 통해 안정적으로 이자를 받는 것처럼 매월 이자를 받는다.

건물주를 부러워하는 이유

|||||||||||

월급 이외에 매월 따박 따박 들어오는 소득을 가져본 적이 있는가? 이건 내가 그동안 열심히 살면서 모아둔 돈들이 나를 위해 일하는 것이다. 어떤 이는 "저축은 나를 위해 싸워주는 군사를 모으는 일이다."라고 한다. 치열한 자본주의 사회에서 우리는 매일 아침잠이 덜 깬 나의 몸과 정신을 챙겨 뚜벅뚜벅 전쟁터로 나간다. 그 속에서 지치고 내 속을 긁는 아니꼬운 일이 있어도 우리는 아침이 되면 어제와 같은 행동을 반복한다. 돈이 필요하기 때문이다.

그런데 어떤 이들은 전쟁터로 나가지 않는다. 바로 월세 받는 사람들이다. 그들은 매일 아침 일정한 시간에 출근하지 않아도 돈이 들어온다. 우리가 지옥철에서 타자의 땀 냄새를 맡을 때 그들은 분위기 좋은 카페에서 그윽한 커피 향과 건강에 좋은 샐러드로 브런치를 즐긴다. 누구나 부러워하는 삶이다. 우리는 건물주를 부러워한다. 건물주의 건물이 부러운 게 아니라 정확하게는 매월 들어오는 월세를 부러워한다. 일을 하지 않아도 돈이 들어오면 돈을 벌기 위해 하기 싫은 일을 하지 않아도 되고 내가 원하는 것, 취미, 여행 등으로 내 인생의 시간을 아름답게 채워나갈 수 있다.

직장인과 건물주의 차이

|||||||||||||

　직장인과 건물주는 어떤 차이가 있는 것일까? 건물주는 자신을 위해 싸워줄 군사가 있는 것이다. 즉, 생산수단이 있다는 것이다. 생산수단이란 생산물을 만들기 위한 시스템이다. 건물이 바로 그 생산수단인 것이다. 과거 농경사회에는 땅이 생산수단이었고 산업화 시대에는 공장 등이었다. 땅을 가진 자는 자신을 대신해 소작농을 부려 농사를 지었고, 공장을 소유한 사장은 근로자가 대신 일하기 때문에 육체적 노동을 하지 않아도 됐다. 그리고 농경사회와 산업화 시대를 관통하는 생산수단이 있다. 바로 돈이다. 돈은 과거나 지금이나 생산수단의 최고봉이다. 건물주는 건물을 갖고 있기 때문에 일하지 않아도 돈이 들어오는 것인데 그 건물도 결국 돈으로 사는 것이다.

　돈이 있으면 그 돈으로 얼마든지 생산수단을 소유할 수 있다. 그리고 돈이 있으면 어떤 생산수단을 소유할지만 결정하면 되는 것이다. 생산수단으로는 프랜차이즈 카페를 사도 되고 상가를 사서 월세를 받아도 된다. 그리고 또 다른 대안이 바로 GPL채권 투자인 것이다. 과거에는 생산수단으로 대부분 월세 받는 것을 선택했다. 우리가 아는 생산수단은 그것뿐이었다. 그러나 점점 GPL채권 투자로 눈을 돌리고 있다. 이유는 간단하다. 안전성은 같은데 돈이 더 많이 들어오기 때문이다. 같은 돈으로 더 많은 소득을 만들 수 있는데 마다할 사람이 어디 있겠는가. 물론 GPL채권 투자가 가장 좋은 생산수단은 아닐 수 있다. 개인마다 니즈(needs)는 다르기 때문이다.

중요한 건 과거에는 몰라서 못 했던 GPL채권 투자가 이제는 생산수단의 강력한 후보로 자리매김했고 대다수의 사람들은 만족하고 있다는 것이다. 뒷장에서 이야기하겠지만 은퇴 후 상가 매수하여 월세를 받던 사람 또는 아파트 월세를 받던 사람들이 GPL채권 투자로 대거 이동하고 있다. 그 이유는 4장에서 자세히 살펴보자.

불로소득은 일을 하지 않는 것이 아니다

필자는 어디 가서도 '불로소득은 좋은 것이다.'라고 당당하게 이야기한다. 당당하게 이야기한다는 표현은 이 이야기를 불편하게 듣는 사람들이 있다는 것이다. 땀 흘려 일하지 않고 번 돈은 좋은 돈이 아니라고 말이다. 당신의 생각은 어떤가? 땀 흘려 번 돈이 아니면 좋은 돈이 아닌 것일까? 필자의 생각은 아니올시다이다.

'일하지 않은 자 먹지도 말라.'라는 말이 있다. 이건 과거 농경사회에서 자급자족하던 시절에는 100% 맞는 말이다. 자기가 먹을 것을 농사지어 먹는 건 당연한 일이었다. 일하지 않고 먹었다는 것은 농사를 짓지 않고 다른 사람이 농사지은 곡식을 먹었다는 것이고, 이는 곧 타인의 노동력을 착취하는 것이다. 그러나 지금은 농경사회가 아니라 자본주의 시대이다. 자본주의 시대에서 불로소득은 없다. 어디 한번 생각해보자. 노동력을 제공하지 않고 돈이 들어오는 일이 어디 있는가? 우리가 돈을 버는 건 누군가에게 도움을 주고 그에 대한 대가로 돈을 받는 것이다. 즉, 나의 노동력과 기술 또는 나의 시간과 돈을 맞바꾸는 것이다.

GPL채권 투자나 월세는 일하지 않고도 돈이 들어온다고 하지 않았냐고 반문할 수도 있다. 맞다 GPL채권 투자와 월세는 일하지 않아도 돈이 들어온다. 그러나 GPL채권 투자를 하기 위한 투자금을 마련할 때까지 그리고 월세를 받기 위해 건물의 소유권을 갖게 될 때까지 엄청난 노력을 했음을 말하지 않아도 우리는 짐작할 수 있다. 건물을 그냥 소유했겠는가? GPL채권 투자금을 길 가다 주웠을 리 없다. 열심히 벌고 모은 결과물로 불로소득을 만든 것이다. 고생 끝에 낙이 온 것이다. 그들은 과거 자신들의 인생이 남들보다 애쓴 결과물로 이제는 보상을 받고 있는 것이다. 그러니 그들의 현재만 보고 함부로 불로소득이라고 치부해버릴 수 없다. 노동력 제공의 시차가 있는 것뿐이다.

필자의 사례만 보아도 10년 넘는 시간 동안 돈을 벌고 모으기 위해 매일 오전 6시에 나가서 11시에 집에 들어왔다. 1년에 쉬는 날이라고는 명절 당일밖에 없었고 일요일이 뭔지도 몰랐다. 돈을 벌고 모으느라 포기한 것도 많다. 그 결과로 불로소득을 얻게 된 것이다. 필자는 '인생 고통 총량'의 법칙을 믿는다. 인생의 고통은 정해져 있다. 초반에 고생하면 나중에 편하고, 초반에 여유 있으면 나중에 여유가 없다는 것이다. 불로소득을 갖게 된 사람들은 어찌 보면 고통을 미리 받은 사람들이다.

  필자는 강연회에서 불로소득을 갖고 싶다는 사람이 있으면 그 방법을 정확히 이야기해줄 수 있다. 남에게 도움이 되는 일을 최대한 많이 하고 돈을 벌어라 그리고 최대한 많이 저축하고 투자하여 목돈을 만들고 그 돈으로 생산수단을 사라. 그럼 불로소득이 생길 것이다. 불로소득에는 보이지 않는 인내와 노력이 있다. 그러니 타인의 불로소득을 함부로 평가하지 않았으면 한다. 아울러 생산수단을 사기 위해 준비 중인 당신께 지난날의 노고에 박수를 보낸다.

2

당신이 GPL채권을 알 수 없었던 이유

GPL채권
난 처음 들어보는데?

GPL채권 투자를 처음 접한 사람들은 '이렇게 좋은 게 있는데 그동안 나는 왜 이걸 몰랐지?'라는 생각을 한다. 당연히 이런 생각이 들 것이다. 원래 좋은 투자 방식이나 좋은 금융 상품은 사람들이 많이 하기 때문에 자연스럽게 내 귀에도 들어오게 되어 있다. 예를 들어 세금 혜택이 있는 연금저축계좌나 주가지수에 투자하는 ETF 같은 금융 상품은 딱히 내가 알려고 하지 않았어도 주변에서 자주 입에 오르고 내리다 보니 한 번쯤은 재테크에 관심이 없는 사람도 들어보게 된다. 그래서 누가 ETF라고 이야기하면 '아~ 나 그거 들어봤어.'라고 한다. 그러나 GPL채권 투자는 한 번도 들어본 적이 없으니 당연히 의아할 것이다. 그러면서 '뭔가 이상한 거 아냐~? 좋은 거면 이미 많은 사람들이 하고 있을 텐데?'라는 합리적인 의심도 하게 된다. 맞는 말이다. 그런데 당신이 GPL채권 투자를 들어보지 못한 명확한 이유가 있다. 자 지금부터 당신이 GPL채권 투자를 들어보지 못했던 이유를 설명해보겠다. 앞으로 나올 내용은 조금 불편할 수도 있으니 미리 양해를 구한다.

유형의 상품
vs 무형의 상품

세상에는 무형의 상품이 있고 유형의 상품이 있다. 우리가 아는 금융 상품은 대부분 무형의 상품이다. 무형의 상품 중 가장 대표적인 것은 예, 적금이 있다. 예, 적금은 무형의 금융 상품이기 때문에 원하는 만큼 손쉽게 가입이 가능하다. 한도가 정해져 있는 특판 상품을 제외하면 일반적인 적금은 상품이 다 팔려서 가입하지 못하는 경우는 없다. 가입 금액도 100만 원을 하든 1억 원을 가입하든 제한이 없다. 왜냐하면 숫자만 왔다 갔다 하는 무형의 상품이기 때문에 그렇다. 그리고 내가 가입해서 좋은 건 지인에게 추천하기도 한다. 내가 가입한 상품이어도 지인이 얼마든지

가입할 수 있다. 내가 가입했다고 해서 그 상품이 없어지지 않는다. 왜? 이 또한 무형의 상품이기 때문인 것이다. 10명이 가입하든 100명이 가입하든 얼마든지 가입이 가능한 것이다.

반대로 유형의 상품은 그렇지 않다. 유형의 상품으로 대표적인 것은 부동산이 있다. 부동산은 일물일가이다. 비슷한 물건은 있어도 완벽히 동일한 물건은 단 하나도 없다. 같은 아파트 단지여도 동호수가 다 다르다. 아파트를 매매해본 사람이라면 알 것이다. A단지로 이사 갈 계획을 갖고 그 단지의 매물을 돌아본다. 2~3개 보다 보니 처음 본 집이 가장 마음에 든다. 그래서 처음에 본 집으로 계약을 하려고 하는데 이걸 어쩌나. 다른 사람도 그 집이 마음에 들었나 보다. 내가 다른 집을 보는 사이에 그 사람이 먼저 내가 마음에 들어 한 그 집을 계약했다. 나는 더 이상 그 집을 살 수 없다. 왜? 단 하나밖에 없는 유형의 상품이기 때문이다. 유형의 상품은 내가 먼저 선택하지 않으면 기회가 상실되는 것이다.

정보를 선점한
공인중개사

이런 얘기 들어본 적 있는가? 부동산 사무실에 나오는 좋은 매물은 공인중개사가 먼저 낚아채 간다는 말. 맞는 말이다. 좋은 물건이 나오면 공인중개사들이 먼저 가지고 가기도 한다. 실제로 필자가 아는 한 공인중개사는 중개 수수료로 돈을 버는 것보다 좋은 물건을 매매하여 번 돈이 비교도 안 될 정도로 많다. 그들은 충분히 그럴 수 있는 입장이다. 어떤 이가 자신의 부동산을 팔고 싶을 때 그 정보를 가장 먼저 알게 되는 사람이 공인중개사이다. 공인중개사 입장에서는 이 물건이 좋은 물건이고 그리고 본인의 경제력이 허락된다면 그 물건을 매수하려 할 것이다.

실제로 필자가 운영하는 대부법인에는 공인중개사들이 채무자로 꽤나 있다. 이유는 간단하다. 공인중개사가 대출을 받는 이유는 무엇일까? 급매가 나오는 물건을 잡기 위함이다. 반포의 ○○아파트는 잡기 위해 25억 원을 대출해간 적도 있다. 필자도 처음에는 '대출금액이 크니 이자 부담이 클 텐데…. 굳이 이렇게까지….'라는 생각을 했었는데 지금 집값을 보면 그가 왜 그랬는지 이해가 되고 심지어 부러울 정도이다. 정보의 선점에 대한 혜택이다. 그 급매물은 공인중개사가 매수했기 때문에 더 이상 다른 사람에게는 기회가 없다. 유형의 상품은 이런 선착순 개념이 적용된다. 먼저 알고 먼저 잡는 사람이 임자인 것이다. 유형의 상품은 이런 것이다.

GPL채권 투자는 부동산과 같은 유형의 상품이다. 부동산을 담보로 대출을 해주기 때문이다. 내가 100억 원이 있다고 해서 100억 원을 아무 때나 투자할 수 있는 게 아니다. 우량한 물건을 담보로 제공하고 100억 원을 빌려 갈 사람이 있어야 GPL채권 투자가 가능해진다. 그래서 GPL채권 투자를 하려는 사람들은 대부법인과 관계를 맺고 물건이 나오기를 기다리고 있다가 물건이 나오는 순간 바로 채간다. 마치 좋은 물건이 나왔을 때 공인중개사들이 먼저 잡듯이 말이다.

그들만의 리그

대부법인들은 GPL채권 투자 물건이 나오면 투자자들에게 안내한다. 이때 자금 여력이 큰 사람들에게 먼저 안내를 한다. 이유는 간단하다. 3억 원을 대출해주기 위해 3,000만 원 투자할 사람 10명 모으는 것보다 3억 원 한 번에 투자할 사람이랑 진행해야 일처리가 수월하기 때문이다. 큰돈 있는 사람에게만 좋은 정보를 준다며 대부법인을 따가운 시선으로 볼 필요는 없다. 모든 회사는 이렇게 업무 편의를 위해 최선을 다한다.

상황이 이렇다 보니 상대적으로 돈이 적은 사람들은 좋은 GPL 채권 투자 물건을 받는 것이 하늘의 별 따기이다. 간혹 물건이 와도 지방의 나홀로아파트나 빌라가 온다. 이 물건은 나에게 왜 왔을까? 다른 사람이 안 하기 때문이다. 이게 현실이다. 아쉽게도 소위 그들만의 리그가 있는 것이다. 돈이 많은 사람은 가만히 있어도 대부법인들이 투자 제안을 한다. 한 번은 한남동 ㅇㅇ아파트가 10채 정도가 물량으로 나온 적이 있다. 분양 전환 건이었는데 분양가가 46억 원이었고 시세는 60억 원이었다. 이 집을 분양 전환 받기만 하면 앉은 자리에서 14억 원의 시세차익을 얻을 수 있는 사람들이 있었다. 이들은 은행에선 대출이 안 되니 대부법인에게 대출을 요청했다. 대부법인도 현금 300억을 들고 있는 곳은 없다(대부분 채권으로 가지고 있기 때문). 대부법인은 이때 돈이 많은 사람에게 먼저 연락한다. 결국 한 사람이 30억 원짜리 GPL채권 10건에 300억 원 투자했다. 이름만 대면 알만한 중견기업의 회장님이었다.

  이처럼 투자여력이 있는 사람은 가만히 있어도 이런 물건들이 찾아간다. 그러나 대부분의 우리에게는 좋지 않은 물건이 온다. 참 씁쓸한 상황이지만 어쩌겠는가 이것이 자본주의의 현실인 것을. 소위 그들만의 리그에 들어가지 않으면 좋은 물건을 확보하는 것은 그만큼 어려운 것이다.

소매금융
vs 도매금융

대부법인들은 투자유치를 위해 은행을 찾아간다. 은행 돈을 사용하는 것을 도매금융, 개인투자자 돈을 사용하는 것을 소매금융이라고도 표현한다. GPL채권 투자를 잘 모르는 개개인들에게 GPL채권 투자를 이해시키고 투자를 받는 소매금융보다 GPL채권 투자에 이해도가 이미 높고 돈이 많은 은행과 거래를 하는 도매금융을 한다. 대부법인들은 개인들에게 그다지 관심이 없다. GPL채권 투자는 대부법인을 통해서 하는 것인데 그들이 개인투자자에게는 관심이 없는 상황이다 보니 더욱이 개인들은 GPL채권 투자와 동떨어져 있는 것이다. 만일 그들이 품이 더 들어도 도매금융이 아닌 소매금융 즉, 개인투자자에게 관심이 있었다면 얘기를 달라졌을 것이다. 그러나 그럴 리 없다. 모든 회사는 최소의 품으로 최대의 효과를 내고 싶어 하기 때문이다.

자 이제 우리가 GPL채권 투자를 왜 몰랐는지 어느 정도 이해가 되는가? 그들만의 리그에서 우리는 선수가 아닌 것이다. GPL채권 투자 시장은 투자자보다 물건이 더 귀한 형국이다. 마치 맛집에 재료가 다 떨어져 가는데 손님은 줄을 서 있는 모습과도 같다. 필자는 대부법인을 운영하면서 가장 중요하게 생각하는 것이 양질의 물건을 확보하는 것이다. 손님이 줄 서 있는데 재료가 떨어지면 안 되기 때문이다. 아무 물건이나 투자하려고 하면 투자할 물건은 정말 많다. 그러나 우리가 하고 싶은 건 안전한 물건이다. 근데 이런 물건은 우리뿐만 아니라 모두가 원하는 것이다. 그래서 시장에서 구하기 힘든 것이다.

그들만의 리그에
들어가는 방법

필자의 대부법인과 함께하는 투자자들은 리그에 참여할 여력이 충분한 사람도 있지만 대부분은 그렇지 않은 상황이다. 보통 사람들이 많다는 것이다. 놀라운 건 보통 사람들이 많이 모이니 우리는 더 이상 보통이 아닌 존재가 되었다는 것이다. '뭉치면 살고 흩어지면 죽는다.'는 말이 새삼 달리 들린다.

필자는 앞서 말한 것처럼 대부법인들이 개인들에게 관심이 없음을 알게 되었다. 필자에게는 틈새시장이었다. 그래서 속도는 더디겠지만 GPL채권 투자가 생소한 사람들에게 GPL채권 투자를 설명하고 한 명 두 명 투자자들을 만들어갔다. 그들이 만족하고 좋은 사례가 생기니 고객들은 점점 많아졌다. 흔히 말하는 소개마케팅이 저절로 되었다. 주변에 누가 여유자금이 생겼다 하면 우리 회사를 추천해주었다. 그래서 이제는 제법 규모 있는 대부법인이 되었다.

대부법인설립 초기에는 물건 구하는 게 여간 힘든 일이 아니었는데 이제는 골라서 투자하는 형국이 되었다. 초기에는 투자자가 많이 없어 자금의 규모도 작았다. 그러다 보니 좋은 물건이 와도 우리가 해결할 수 없었다. 그러나 점점 규모가 커지면서 좋은 물건이 왔을 때 척척 해치워나갔다. 물건을 공급하는 시장에서는 필자의 회사와 일하면 깔끔하게 일 처리한다는 소문이 돌기 시작했다. 자금의 규모도 있고 일 처리가 깔끔하니 점점 좋은 물건들이 많이 들어오기 시작했다. 좋은 물건이 많으니 투자자도 점점 많아졌다. 선순환이 이루어지고 있는 것이다.

이는 필자가 회사 운영을 열심히 한 것도 있지만 많은 투자자분들이 함께해주신 결과물이다. 많은 투자자들 힘이 되었다. 보통 사람들이 모여 보통이 아니게 되었고 보통이 아닌 우리는 좋은 물건을 확보할 수 있게 되었다. 결국 투자자들의 의사결정이 그들 스스로에게 좋은 물건을 선사하게 된 것이다. 그리고 빼놓을 수 없는 사람들이 있다. 물건 확보 팀이다.

GPL채권 투자 물건이 끊이지 않도록 애써주는 팀원들이 있다. 혹시 이 지면 보고 있다면 지면을 빌려 고맙다는 인사를 하고 싶다. 당신들이 애써주고 있기에 많은 사람들이 좋은 물건으로 GPL 채권 투자를 할 수 있게 되었다. 그리고 필자는 GPL투자의 대중화에 힘쓰고 있다. 그 결과 정말 많은 사람들이 은퇴 후 단절된 소득이 다시 안정화되었고 직장인들은 또 하나의 월급이 만들어졌다. 앞으로 투자자들과 함께하기 위해 준비하고 있는 일들이 있는데 굉장히 기대된다. 투자자분들께도 이 지면을 빌려 감사의 마음을 전하고 싶다. "저희와 함께해주셔서 진심으로 감사합니다."

GPL채권 리그에 참여하여 좋은 물건으로 투자를 하려면 좋은 대부법인과 관계를 해야 한다. 대부법인은 좋은 곳 나쁜 곳은 없다. 나와 맞느냐 그렇지 않으냐의 문제이다. 8장에서는 나와 맞는 대부법인을 선택하는 방법에 대해 설명하도록 하겠다.

3

GPL채권이 안전한 이유

채무자가
돈 못 갚으면

경매로 배당

GPL채권 투자는 누군가에게 돈을 빌려주고 이자를 받는 것이다. 돈을 빌려준다는 얘기를 들으면 바로 드는 생각이 '돈 빌려 간 사람이 안 갚으면 어떡하나?'라는 것이다. 투자 시장뿐만 아니라 일상에서도 돈 빌려 가서 안 갚는 사례가 얼마나 많은가. 그래서 돈이란 앉아서 빌려주고 서서 받는다는 말이 있을 정도이다. 그러나 GPL채권은 다르다. GPL채권은 차주가 상환을 잘하든 그렇지 않든 큰 상관을 하지 않는다. 물론 계약대로 약속을 잘 지키면 당연히 좋은 것이지만, 약속대로 진행되지 않는다 하여 큰 스트레스를 받지는 않는다. 쉽게 말해 GPL채권은 투자자는 이래도 좋고 저래도 좋은 상황이다. 금전거래에서는 사람을 믿으면 안 되고 상황을 이해해야 한다. GPL채권을 보유한 사람들이 이래도 좋고 저래도 좋은 상황이 될 수 있는 이유는 우량한 아파트가 담보로 있기 때문이다. 만일 차주가 계약대로 진행하지 않으면 담보물에 대한 행정절차를 법무사를 통해 진행하면 그만이다. 딱히 GPL채권 투자자가 할 건 없고 법원 공무원들이 열심히 일을 해서 돈을 돌려받을 수 있도록 도와준다. 그러니 돈을 빌려 간 사람이 제때 갚지 않아도 돈 떼일까 노심초사하며 걱정할 필요는 없다. 돈 빌려주고 마음고생하는 경우는 상대방이 약속을 지키지 않았을 때 자금을 회수할 수 있는 방법이 없기 때문에 그런 것이다. 그러니 금전거래를 할 때는 애초부터 상대방이 약속을 지키지 않을 것이라는 것을 가정하고 내 돈을 지킬 수 있는 상황을 만들어놓는 것이 중요하다. 이때 가장 확실한 방법은 담보물을 확보하는 것 이상은 없을 것이다.

연체로 인한 수익률 상승

오히려 차주가 약속을 지키지 않으면(채무불이행) GPL채권 투자를 이해하고 있는 투자자들은 입가에 가벼운 미소를 짓는다. 왜일까? 연체이자를 받을 수 있기 때문이다. 은행도 돈을 빌려 간 자가 제때 돈을 갚지 않으면 연체이자를 물린다. 이는 은행뿐 아니라 카드사도 마찬가지이고, 어릴 적 많이 가던 비디오 대여점이나 만화책방도 마찬가지이다. 무언가 빌려준 자는 사전에 협의된 대가를 받고 일정한 기간 동안 빌려주는 것인데 예정된 기간을 넘기게 되면 빌려준 자는 손해를 보게 된다. 그 손해를 약속을 지키지 않은 자에게 부담시키는 것이다. 이는 지극히 정상적인 거래인 것이다. 만일 빌려 간 자가 늦게 줘도 불이익을 받을 게 없다면 제때 반납(상환) 하는 비율은 현저히 줄어들 수 있다. 우리가 사는 세상이 도덕책처럼 약속을 잘 지키는 세상이면 좋겠지만 현실은 현실인 것이다.

NPL채권매각으로 투자금 회수

또한 차주의 채무불이행은 GPL투자에서 걱정할만한 리스크는 아닌 이유가 한 가지 더 있다. 그건 바로 NPL채권매각이다. 채권매각을 통해 자금을 회수할 수 있기 때문이다. GPL은 Good Performing Loan의 약자이며 한국말로는 정상채권이라고 부른다. 정상채권이 있다는 것은 비정상채권도 있다는 말이고 이는 채권의 본연의 기능을 다 하지 못하고 있다는 것이다. 채권의 기능은 돈을 빌려주고 이자를 받는 것인데, 이자 또는 원금이 상환되지 않는 채권이 비정상채권이며 다른 말로는 부실채권 전문용어로는 NPL(Non Performing Loan)이라고 부른다. GPL채권을 갖고 있는데 NPL이 되면 채권을 매각할 수 있다. 물론 GPL채권일 때도 매각할 수 있지만 그때는 일부러 매각하는 일은 극히 드물다. 반대로 NPL채권이 되면 내가 원하는 이자가 매달 안 들어오기 때문에 채권을 매각하여 자금을 회수하고자 하는 욕구가 생길 수 있다. 그럼 여기서 드는 질문이 있다. 'NPL채권매각은 쉽나? 과연 매각이 잘 될까?'이다. 공인중개사사무실에 집을 팔려고 내놔도 팔리지 않는 경우가 있다. 내가 아무리 갖고 있는 물건을 팔아서 현금화하려고 해도 사려는 사람이 없으면 팔 수 없는 것이다. NPL채권매각이 잘 될지의 여부는 과연 이 NPL채권을 사려는 사람이 있나? 이걸 알아보면 될 것이다. 이 점을 알아보기 위해서는 한 가지만 확인하면 된다. 'NPL채권을 사가는 사람이 만족할만한 수익을 얻나?' 이다. NPL채권을 사가는 사람이 이익을 볼 수 있으면 사가려 할 것이고 NPL을 사가도 이익이 될 것이 없거나 적으면 사려고 하지 않을 것이다. 여기서 결론부터 이야기하자면 NPL채권을 사가려고 줄을 서 있다. 자 이제 왜 NPL채권을 사람들이 사가려고 하는지 알아보자.

GPL채권부실을 기다리는 NPL투자자

여기 채권금액 5억에 연 이자 11%짜리 NPL채권이 있다고 가정해보자. NPL채권을 사가는 사람은 전체금액의 10%만 자기 자본으로 하고 나머지 90%는 저축은행에서 대출을 받는다. 즉, 5억짜리 채권이면 5,000만 원 실투자금이 들어가고 4억 5,000만 원은 은행 돈을 쓰는 것이다. 이때 보통 저축은행의 대출이자는 6~7%가 된다. 자 그럼 이자 수익률을 계산해보자. 이익은 들어온 돈에서 나간 돈을 제외하면 된다. 5억짜리 NPL채권을 사가서 경매 후 배당을 받으면 원금 5억은 제외하고 순수익만을 따져보면 5억의 11%인 5,500만 원을 받게 된다. 그리고 채권 매수를 위해 은행에서 대출을 받은 4억 5,000만 원의 6%를 이자로 낸 금액은 2,700만 원이다. 그럼 배당 시 받은 이자 5,500만-은행 이자비용 2,700만=2,800만 원이 된다. NPL채권을 사 간 사람은 5억짜리 채권을 사 가서 1년 만에 2,800만 원의 이익을 얻은 셈이다. 여기서 중요한 건 실투자금이다. 5억짜리 채권을 매수하기 위해 들어간 돈은 5,000만 원이다. 즉, 5,000만 원 들여서 1년 만에 2,800만 원의 이익을 얻게 된 것이다. 수익률은 56%이다. 어마어마한 수치이다.

채권금액 5억 원.
채권 매수 금액=실투자금 5,000만 원+금융권 대출 4.5억
(연 6% 가정)
수익금=들어온 돈-나간 돈
2,800만=5,500만-2,700만

실투자금 대비 수익률

5,000만 원으로 2,800만 수익=56%

이 수익을 얻기 위해 등락의 변동이 큰 주식이나 코인을 투자한 것이 아니다. 아파트를 담보로 하여 경매가 진행되는 아파트 담보 채권을 매수하여 안정적으로 56%의 수익을 얻게 되는 것이다. 자 이제 왜 NPL채권을 사 가려는 사람들이 많은지 이해가 되는가? 필자는 상담 시 GPL채권의 안정성을 설명하기 위해 NPL채권매각 시스템을 설명하기도 한다. 그럼 대부분의 사람들은 GPL채권이 아닌 NPL채권을 투자하고 싶다고 이야기한다. 당연한 얘기이다. 같은 담보라면 8%짜리 채권보다 56%짜리 채권에 매력을 느끼는 것은 지극히 정상이다. 그러나 아쉽게도 NPL채권을 매수하려면 채권매입추심업으로 등록된 대부법인을 가지고 있어야 한다. 이런 회사를 NPL전문법인이라고 부른다. 즉, NPL채권을 매수할 수 있는 자는 개인은 불가능하며 NPL전문법인만 가능한 것이다. 그럼 어떤 사람들은 NPL채권에 매력과 기회를 보고 계획에도 없던 NPL법인을 설립하려고 한다. 여기서 필자는 NPL법인설립을 말리는 편이다. NPL법인을 만드는 것은 어렵지도 않고 누구나 할 수 있는 일이다. 그러나 NPL법인을 누구나 할 수 있다고 하여 누구나 NPL법인설립 하여 NPL채권으로 돈을 벌 수 있다는 것은 아니다. 자 이제 다음 장에서 그 이유를 알아보자.

NPL채권으로 돈 벌기 어려운 이유

|||||||||||

내가 원하면 남도 원한다. 원하는 사람이 많으면 구하기 어렵거나 값이 비싸다. 이는 재테크뿐만 아니라 모든 시장경제의 논리이다. 바로 경제 제1의 원칙. 수요와 공급인 것이다. 당신도 NPL채권에 매력을 느끼듯 다른 사람 또한 마찬가지이다. 그러다 보니 시장에서 좋은 NPL채권을 구하기란 하늘의 별 따기처럼 어렵다. 아니 사실상 불가능에 가깝다. NPL채권을 가지고 있는 사람은 앞서 살펴본 사례처럼 50%가 넘는 수익을 안정적으로 얻을 수 있다. NPL채권을 매각한다는 것은 내가 얻을 수 있는 높은 수익을 다른 사람에게 준다는 것이다. 특별한 경우가 아니라면 이런 일은 일어나지 않는다. 만일 당신이 NPL채권을 가지고 있다면 어떻게 하겠는가? 특별한 이유가 없다면 팔지 않을 것이다. 채권을 가지고 있다가 법원으로부터 정당하게 배당을 받아 수익을 얻으려고 할 것이다. 그러다 보니 NPL전문법인을 설립한다 하여도 NPL채권을 구하기 힘들어 결국에는 원하는 수익을 얻기 힘들 확률이 높다. 실제로 운영되고 있는 NPL전문법인조차도 좋은 NPL채권을 구하지 못해 애를 먹는 마당에 이 시장을 제대로 이해하지 못하고 있는 그리고 경험이 없는 사람이 뛰어든다는 것은 다소 무리가 있는 것이다.

자 이제 어느 정도 이해가 되었는가? 이쯤 되면 아파트를 담보로 한 GPL채권의 안정성이 어느 정도 이해가 됐을 것이라 본다. GPL채권이 부실이 되어 NPL채권이 되면 우리는 가지고 있다가 법원으로부터 배당을 받거나, 매월 이자가 필요하면 또는 목돈을 사용할 곳이 있어 자금의 회수가 필요하면 NPL채권을 매각하면 그만인 것이다. 그리고 우리가 매각하는 NPL채권은 사람들이 원하는 것이기 때문에 매각에 어려움을 겪지 않게 될 것이다. 물론 모든 NPL채권의 매각이 잘되는 것은 아니다. 법원배당 시 채권을 매수해간 자가 이득이 될 때 NPL채권매각이 수월해지는 것이다. 만일 아파트 담보 채권이긴 하나 10억짜리 아파트를 담보로 11억이 대출되었다고 가정해보자. 그럼 차주가 돈을 갚지 않아 경매를 진행하였을 때 이자는 고사하고 원금 11억 중 일부를 회수하지 못할 확률이 있다. 그럼 이런 채권은 아무도 사려고 하지 않을 것이다. NPL채권을 매수하려는 자는 돈을 벌려고 하는 것인데 NPL채권을 매수하여 돈을 잃을 수도 있다면 누가 그 채권을 사가겠는가? 담보가 있다는 것이 중요한 게 아니라 담보로서의 담보가치가 있어야 채권매각이 잘된다는 것이다. 필자가 운영하는 대부법인은 서울 수도권 5대 광역시 아파트만을 담보물로 인정하며 LTV 75%를 적용하고 있다. 이게 시사하는 바를 다음 장에서 확인하도록 하자.

안정성의 척도
LTV 비율

    금전거래에서의 위험은 돈을 빌려 간 사람이 갚지 않는 것인데, 이런 경우를 대비해 담보를 설정하는 것이 GPL투자의 포인트이다. 그러나 담보가 있다 하여 다 같은 담보는 아니다. 참치와 멸치는 같은 생선 한 마리여도 같은 한 마리가 아닌 것과 같은 이치이다. 담보가 있어도 담보로서의 역할을 충분히 해내는 것이 중요하다. 필자는 서울 수도권 및 광역시의 아파트만을 담보로 인정하며 GPL투자를 진행하고 있다. 이름만 대면 사람들이 아는 지역의 아파트와 경상남도 의령군 모퉁이 땅에 있는 나홀로아파트(특정 지역 비하가 아니니 오해 없기를)의 담보가치는 같을 수 없다. 담보가치라는 것은 결국 경매로 진행됐을 때 낙찰가가 투자금보다 높게 나와야 한다. 그래야 투자자는 투자금을 회수할 수 있다. 낙찰가가 투자금보다 높게 나오도록 하기 위해서는 두 가지 중 한 가지가 충족되어야 한다.

1. 부동산(아파트) 강세장
2. 낮은 LTV 비율

여기서 부동산 시장의 동향을 살피는 것도 중요하겠지만 더욱 중요한 것은 적정한 수준의 LTV 비율을 적용하는 것이다. 왜냐하면 부동산 시장은 어느 한 개인의 노력으로 조절할 수 없는 영역이고, LTV 비율은 채권자의 의도를 반영할 수 있기 때문이다. 리스크 관리라는 것은 기대해야 하는 것과 관리해야 하는 영역으로 나뉘게 되는데 기대하는 것에 큰 비중을 둔다는 것은 리스크 관리가 안 되고 있다는 것이다. 따라서 우리는 기대하며 방관할 게 아니라 관리할 수 있는 영역에 집중해야 한다는 것이다. 물론 부동산 시장은 주식 시장보다는 상대적으로 천천히 움직이고 방향성 예측에 조금은 유리한 면이 있다. 그럼에도 불구하고 시장이라는 것은 살아 있는 생명체와도 같아서 언제 어떻게 될지 모르는 변동성을 가지고 있다. 그렇기 때문에 대출 시 부동산 시장이 강세장이 될 것이라는 것을 기대하여 대출을 내보내는 것은 굉장히 위험할 수 있는 일이다. 반대로 LTV 비율은 채권자가 의지대로 조절해나갈 수 있는 영역이다. 현재 담보가치의 일정 부분만을 대출해줌으로써 혹시 모를 리스크에 대비할 수 있다. 시세 10억 원짜리 아파트에 10억 원의 대출을 진행하는 채권은 굉장히 위험할 수 있다. 부동산 상승장이 아닌 일반적인 시장에서 경매 낙찰가는 시세보다 낮기 마련이다. 그렇기 때문에 10억 원짜리 아파트를 담보로 설정한다면 그보다 낮은 가격으로 대출을 내보내는 GPL투자를 해야 한다. 그럼 얼마가 적정할까? 예를 들어 10억 원짜리 아파트를 담보로 설정할 때 LTV 비율은 어느 정도가 적정할까?

적정 LTV 비율은?

물론 LTV 비율이 낮을수록 안전하다. 그렇다고 무작정 낮기만 하면 이자율이 적기 때문에 투자의 효용성이 떨어진다. 이 점을 이해하고 적정 LTV 비율을 적용하는 것이 중요하다. 모든 투자에는 하이리스크 하이리턴, 로우리스크 로우리턴이란 말이 적용된다. 위험할수록 수익은 크고, 안전할수록 수익은 작아진다는 것이다. GPL투자에서도 이는 동일하게 적용된다. GPL채권 투자의 안정성과 수익률은 LTV 비율에 달려 있다고 봐도 무방하다. LTV 비율이 높으면 이자율(수익률)이 높고 LTV 비율이 낮으면 이자율(수익률)도 낮아진다. 돈을 빌려주고 이자를 받는 사람의 입장에서 보면 LTV 비율이 높을수록 돈을 떼일 가능성이 높아지는 것이기 때문에 그만큼 이자율(수익률)이 높아지는 것이다. 필자의 대부법인은 적정 LTV 비율을 75%로 보고 있다. 10억 원짜리 아파트이면 최대 7억 5,000만 원까지만 대출을 진행한다. 75% LTV의 안정성에 대해서는 각자의 견해가 있을 것이다. 누군가는 위험하다고 볼 수도 있고, 누군가는 너무 보수적으로 하는 것 아니냐는 의견을 보일 수도 있다. 필자의 대부법인이 75%의 LTV 비율을 적용한 것은 일반 대부법인들보다 LTV 비율을 10% 정도 낮게 진행하자는 데 의미를 두고 있다. 대부법인들은 담보를 설정하고 돈을 빌려주는 것에서만큼은 선수이다. 그럼 우리는 그들보다 수익은 조금 적어도 LTV 비율 낮춰 안정성을 확보하자는 것이 우리의 생각이다. 실제로 필자의 대부법인은 75%까지만 진행하다 보니 타 대부법인에서 필자의 대부법인 GPL채권에 후순위로 LTV 비율 10% 정도의 금액이 추가 대출되는 경우도 있다. 그들은 현재의 부동산 시장에서 이 정도는 안전하다고 생각하며 들어오는 것이다. 물론 그에 대한 수익은 어마어마하다. 법정 최대 금리에 가까운 금리를 적용하여 대출이 진행되기도 한다.

아파트 폭락의 역사

우리나라 아파트가 폭락했던 시기를 보면 크게 두 번이 있다.

1998년 IMF 2008년 글로벌 금융위기이다. 1998년 IMF 때는 1년 동안 전국의 집값은 12.4% 하락했고, 2008년 9월부터 약 5년에 걸쳐 아파트의 대장 지역이라 불리는 강남구는 -17.4%, 송파구 -11.2% 하락했다. 이런 측면에서 본다면 75% LTV 비율은 굉장히 안전할 수 있다고 필자는 주장한다. 또한 GPL채권의 만기는 1년이다. 1년 안에 아파트 가격이 75% 미만으로 떨어지는 일은 불가능하진 않겠지만 이런 일이 현실적으로 일어나기도 쉽지 않다. 만일 1년 만에 부동산 가격이 25% 이상 하락한다면 이건 부동산만의 문제가 아니라 대한민국에 큰 혼란이 야기될 것이다. 부동산에 가장 많은 대출을 한 은행들은 줄줄이 어려워지고 그로 인해 기업들에게도 대출 상환 압박이 들어오며 나라 경제가 파국으로 치달을 수도 있다. 이것은 필자도 알고 정부도 알고 경제에 관심 있는 사람이라면 누구나 알 수 있는 상식적일 수 있는 내용이다. 정부의 부동산 정책도 부동산 시장 안정화이지 부동산 가격을 과거처럼 낮추는 것이 아니다. 여기서 말하는 부동산 가격 안정화라는 것은 인플레이션에 따라 실물 자산인 부동산 가격도 천천히 오르는 것을 의미한다. 이런 내용을 잘 아는 필자의 고객 중에는 LTV 비율을 좀 더 높여서 이자를 더 받고 싶다는 사람도 꽤나 있다. GPL채권 투자를 고려 중인 사람이 있다면 자신이 안전하다고 생각하는 LTV 비율에 맞는 상품으로 투자하기를 바란다.

부동산담보 가격이 투자금보다 내려가면

GPL투자자들이 가장 두려워하는 것은 단 담보물의 가치가 투자금보다 적어지면 어떻게 하나이다. 그도 그럴 것이 시장의 변화로 투자금보다 담보가치가 떨어지게 되면 차주가 돈을 갚지 않을 확률이 높아진다. 예를 한번 들어보자.

여기 나투자 씨는 시세가 10억 원인 아파트를 담보로 7억 원을 빌려주는 GPL채권에 투자했다고 가정해보자. 그리고 이제 대출을 받은 나대출 씨 입장에서 생각을 해보자. 나대출 씨는 두 가지의 경우의 수가 있다. 7억 원을 잘 상환하고 10억 원짜리 아파트를 지키거나 대출금 7억 원을 갚지 않아 10억 원짜리 아파트를 처분당하거나, 둘 중에 하나이다. 이때 보통은 7억 원을 상환한다. 7억 원 때문에 10억 원짜리 집을 처분당하고 싶은 사람은 없을 것이다. 이게 보편적이고 정상적인 상황이다. 그런데 담보물의 가치가 떨어져 5억 원이 됐다고 가정해보자. 그럼 나대출 씨는 무슨 생각을 하겠는가? '5억 원짜리 집 지키자고 7억 원을 갚아? 이건 좀 계산상 불이익이지….'라는 합리적인(?) 생각을 하게 된다. 이런 나대출 씨를 도덕적으론 문제 삼을 수 있겠지만 시장 논리에서 이런 일은 비일비재하게 일어나는 일이다. 그럼 나투자 씨는 7억 원을 투자하고 차주의 채무불이행으로 경매를 진행했지만 결국 5억 원만 받게 되어 2억 원을 손해 보게 되는 것이다. 이런 상황이 될 수도 있기 때문에 투자자들은 담보가치가 자신의 투자금보다 떨어지는 것을 걱정하게 되는 것이다. 물론 LTV 비율을 너무 높게 설정하지만 않으면 실제로 이런 일이 발생할 확률은 매우 적다. 그러나 세상에 일어나지 말란 일은 없기 때문에 이런 상황 또한 투자자는 대비하여야 한다.

자 그럼 이런 상황은 어떻게 대비할 수 있을까? 방법이 있기는 할까? 결론부터 이야기하면 필자는 이것 또한 문제가 되지 않을 수 있다고 말하고 싶다. 이유는 부동산 시장은 등락을 반복하며 우상향하기 때문이다. 담보물의 가치가 떨어졌다는 얘기는 다시 담보물의 가치가 올라갈 수도 있다는 이야기이다. (특별히 문제가 되는 특수 물건이 아니라면) 차주의 채무불이행 시 즉각적으로 경매를 바로 진행하지 않아도 된다. 경매를 진행하는 것은 철저히 채권자가 선택할 문제이다. 만일 지금 경매를 진행할 경우 부동산 시장이 하락해 있어서 투자금 회수가 불투명하다면 추후 부동산 가격이 회복됐을 때 경매를 진행하면 되는 것이다. 간단한 논리이다. 단, 그동안은 이자가 들어오지 않고 투자금이 묶이는 일이 발생할 수 있다. 그러니 여유자금으로 투자한 경우라면 크게 걱정할 사항은 아니고 오히려 연체이자가 채권최고액(원금의 130~150%)까지 쌓이기 때문에 수익률 측면에서는 긍정적으로 작용할 수도 있다. 또한 채권매입약정을 통해 담보가치 하락의 리스크를 제거할 수 있다. 이는 다음 챕터에서 확인해보도록 하자.

GPL채권의 보험
채권매입약정

그리고 더욱 중요한 것은 GPL채권도 보험과 같은 성격의 안전장치 마련이 가능하다는 것이다. 바로 NPL전문법인을 통한 채권매입약정이다. 우리는 앞서 NPL채권에 대해 다루어보았다. 그럼 채권매입약정도 쉽게 이해할 수 있을 것이다. 가상의 사례를 들어 채권매입약정을 설명해보도록 하겠다. 여기 나투자 씨는 10억 원짜리 아파트에 7억 원을 대출해주는 GPL채권을 갖고 있다. 매월 이자를 잘 받고 있었는데 어느 순간부터 차주는 이자를 상환하지 않았고 만기에 원금도 상환하지 않았다. 나투자 씨는 다행히 질권 설정을 해놓은 상태라 법무사를 통해 경매를 신청하려고 한다. 그리고 경매신청 전 담보물의 시세가 어떤지 확인해봤다. 그런데 이게 웬일인가. 최근에 부동산이 폭락하면서 시세가 7억 원보다 낮은 것이다. 이 상태로 경매를 진행한다면 7억 원보다 낮은 금액으로 낙찰될 확률이 매우 높았다. 즉, 투자금에 손실이 발생한다는 것이다. 참 답답한 상황이 됐다. 차주는 상환할 바에야 경매 넘어가자는 식으로 나오고, 경매를 진행하면 손해를 볼 것 같고.

이때 나투자 씨는 어떻게 해야 할까? 투자금을 손해 보지 않고 회수할 수 있는 방법이 있을까 다행히 방법은 있다. 담보물의 시세가 다시 올라오면 그때 경매를 진행하여 원금과 연체이자를 회수하는 것이다. 그러나 나투자 씨는 GPL채권의 만기가 1년인 것을 감안하여 1년이 되는 시점에 투자금을 상환 받으면 다른 곳에 사용할 계획을 갖고 있었다. 그래서 담보물의 가격이 회복될 때까지 기다릴 수 없는 상황이다. 나투자 씨는 원금의 일부가 손해가 나더라도 경매를 진행할 수밖에 없는 상황이다. 이러지도 저러지도 못하는 진퇴양난이다.

이때 빛을 발하는 것이 채권매입약정이다. 채권매입약정이란 GPL채권이 채무불이행 되어 NPL채권이 되면 NPL전문법인이 해당 채권을 매수해가는 계약이다. 만일 나투자 씨가 소정의 비용을 지불하고 채권매입약정을 해두었다면 NPL전문회사가 미리 약속된 금액으로 채권을 매입해가는 것이다. 그럼 나투자 씨는 투자금 회수에 전혀 어려움 없이 모든 문제가 간단히 해결된다. 이제 이 NPL채권의 운명은 NPL전문회사가 함께하게 될 것이다. 나투자 씨는 원래 사용하기로 되어 있는 곳에 자금을 원만히 사용할 수 있게 된 것이다. 이제 채권매입약정으로 GPL채권 투자의 안정성이 확보된다는 것이 이해되었는가?

채권매입약정을 왜 하지?

여기서 궁금한 점이 하나 있다. NPL전문회사는 왜 위험을 안고 채권매입약정을 하는 것일까? 이다. 이유는 간단하다. 위험을 떠안게 될 확률보다 돈을 벌게 될 확률이 더 높기 때문이다. 앞서 우리는 NPL채권을 매입해가는 사례를 살펴보았다. NPL채권을 사가는 사람은 저축은행의 대출을 활용하기 때문에 엄청난 수익을 올릴 수 있게 된다. 단, 물건을 구하는 게 힘들 뿐 구하기만 하면 앉은 자리에서 돈을 줍는 것이나 마찬가지이다. 이런 상황에서 미리 우량한 아파트를 담보로 한 NPL채권을 매입하기로 예약하는 것이 채권매입약정인 것이다. 거기에 채권매입약정에 대한 수수료까지 받을 수 있다.

수수료는 채권금액의 0.2~0.5% 수준이다. 그러니 수수료도 받고 NPL채권이 되면 좋은 상품까지 확보하게 되는 것이다. 그러니

NPL전문회사 입장에서는 채권매입약정을 안 할 이유가 없다. 필자는 앞서 쉬운 설명을 위해 10억 원짜리 담보물에 7억 대출이 나갔고 낙찰금이 7억 미만이 될 것이라 가정을 했지만 그런 일은 실제 일어날 확률이 매우 매우 적다. 만일 그런 일이 발생한다 하더라도 NPL전문회사들은 급하지 않게 천천히 배당을 받아도 되고 방어 입찰을 해도 되기 때문에 크게 문제 될 것이 없다. 다른 곳에 돈을 꼭 사용해야 하는 나투자 씨와 입장이 다른 것이다.

실제로 필자의 대부법인처럼 우량한 아파트를 담보로 한 GPL채권은 NPL전문회사들이 서로 채권매입약정을 하고 싶어 한다. 반대로 필자가 NPL전문회사를 운영하고 있다고 해도 채권매입약정을 하고 싶어 열심히 영업행위를 할 것이다. 채권매입약정은 굉장히 중요한 내용이니 5장에서 한 번 더 살펴보도록 하자.

GPL채권 투자한 대부법인이 부도나면

필자와 상담을 하는 고객이 조심스레 말문을 여는 경우가 있다. 바로 GPL채권을 투자한 대부법인이 부도나면 어떻게 되냐는 것이다. 결론부터 말하자면 '상관없다.'이다. 대부법인의 역할이 무엇인지 알고 투자자의 권리가 무엇인지 안다면 이 질문에 대한 답이 될 것이다. 먼저 대부법인의 역할을 알아보자. 일단 이 점을 짚고 넘어가자. 같은 일을 하는 회사도 각 회사마다 문화가 다르고 업무처리 방식이 다르듯 대부법인마다 역할은 다를 수 있다. 여기서는 필자의 대부법인을 기준으로 설명하도록 하겠다. 대부법인은 돈을 빌리려는 자와 빌려주려는 자를 연결해주는 역할을 한다.

여기서 연결이란 부동산 중개인처럼 양측이 거래만 할 수 있도록 중개하는 것에 그치지는 않는다. 거래 관계를 보면 돈을 빌려주려는 자(투자자)는 대부법인에게 입금(대여)하고 대부법인은 그 돈을 빌리려는 자(차주)에게 대출을 해주게 된다. 여기서 많은 사람들이 질문을 하게 만드는 것이다.

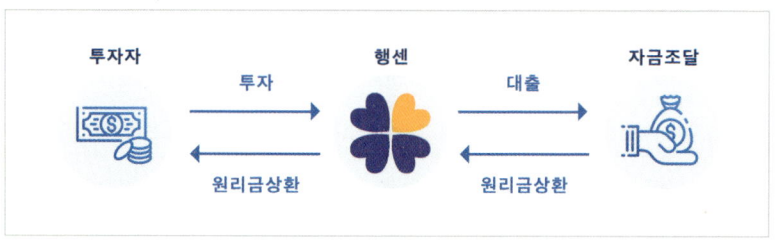

실제로 투자자는 차주에게 돈을 입금한 적도 없고, 차주에게 직접 이자를 수령한 적도 없다. 중간에서 대부법인이 모든 업무를 보고 투자금도 대부법인에게 입금했기 때문에 대부법인의 안위에 대해 관심을 갖게 되는 것이다. '만일 대부법인이 부도가 나면 나는 어떻게 되지?'라는 의문이 드는 것은 지극히 정상이다. 이런 경우에는 어떻게 되는지 예를 들어 알아보자.

나투자 씨는 GPL채권에 투자하여 대부법인으로부터 매달 이자를 수령하고 있었다. 딱히 신경 쓸 것도 없고 별다른 것을 관여하지 않아도 알아서 매월 28일이 되면 황금알을 낳는 거위가 알을 낳아주듯 이자가 따박따박 들어왔다. '이 맛에 GPL채권 투자 하지.'라며 기분 좋은 나날을 보내고 있었다. 그러던 와중에 GPL투자를 한 대부법인이 부도가 났다는 소식을 듣게 되었다. 그럼 이제 나투자 씨는 어떻게 되는 것일까? 이자는 고사하고 원금은 어떻게 되는 것일까? 이런 상황이 되면 투자자는 두 가지의 선택지가 생기게 된다.

첫째는 채권을 양도받는 것이다. 채권양도라는 것은 대부법인이 가지고 있는 채권을 투자자 명의로 가져오는 것이다. 거래 관계를 다시 한번 보자. 나투자 씨는 대부법인과 금전거래를 한 것이다. 차주와는 상관이 없는 것이다. 대부법인이 이자 지급을 하지 않거나 부도가 났다 하여 차주에게 이자와 원금을 달라고 할 수 있는 권리가 없다. 차주는 대부법인과 금전거래를 한 것이기 때문이다. 따라서 나투자 씨는 차주에게 직접 돈을 받을 수 있는 권리를 확보하기 위하여 대부법인이 차주에게 돈을 빌려준 증서 즉, 채권을 본인 앞으로 가지고 와야 한다. 이것이 바로 채권양도이다. 이렇게 채권을 가져오게 되면 이때부터 거래 관계는 바뀌게 된다. 나투자 씨는 더 이상 대부법인과는 아무런 관계가 없고 차주와 거래 관계가 있는 것이다. 이때부터는 차주에게 원리금 상환을 요구할 수 있는 법적인 권리가 생긴 것이다. 차주 입장에서 보면 자신의 채권자가 대부법인이었는데 채권양도를 통해 자신의 채권자가 나 투자 씨가 된 것이다. 거래 관계에서 투자자와 채무자 사이에 대부법인은 없어지는 것이다. 쉽게 말해 친구끼리 돈거래를 했다고 가정해보자.

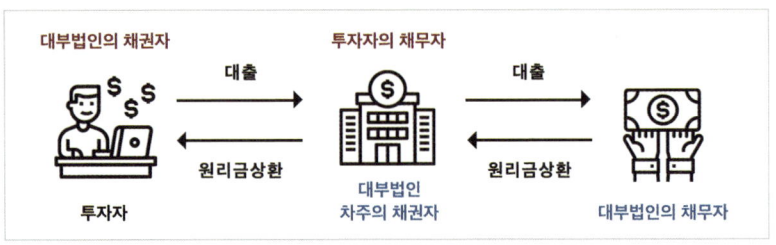

채권양도 후 권리관계

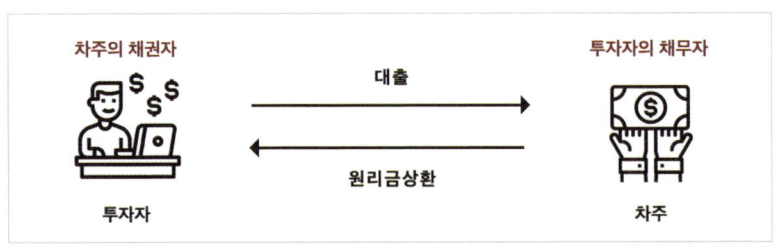

길동이가 춘향이에게 1만 원을 빌려줬다. 이때 길동이는 채권자이고 춘향이는 채무자가 된다. 그리고 춘향이는 콩쥐에게 1만 원을 빌려줬다. 이때는 춘향이가 채권자가 되고 콩쥐가 채무자가 된다. 콩쥐는 자신의 채권자인 춘향이에게 매달 이자를 지급했고, 춘향이도 자신의 채권자인 길동이에게 매달 이자를 지급했다. 그러던 중 춘향이가 부도가 났다. 그래서 더 이상 춘향이는 길동이에게 이자를 줄 수 없는 상황이 됐다. 이때 춘향이는 길동이에게 말한다. "길동아 내가 너한테는 돈을 못 주게 됐어 미안해. 대신에 내가 콩쥐에게 받을 돈이 있거든 그 돈 받을 권리를 너한테 줄 테니까 이제는 나한테 이자 받던 걸 콩쥐에게 받아."라고 얘기한 것이다. 정리하자면 춘향이가 가지고 있는 채권을 길동이에게 양도한 것이다. 이렇게 투자자는 대부법인이 부도가 나면 자신의 돈으로 대출해준 채권을 양도받을 수 있다.

그래서 대부법인이 부도가 나면 채권양도를 통해 투자자는 GPL 채권 투자를 이어나갈 수 있다. 물론 이런 업무처리는 대부법인의 협조가 필요하다. 만일 대부법인이 나 몰라라 해버리면 채권양도를 할 수 없게 된다.

대부법인이 나 몰라라 하는 상황이 되면 투자자는 두 번째 방법을 사용하면 된다. 두 번째는 바로 경매 진행이다. GPL투자자는 담보물에 질권 설정을 해놓는다. 그리고 이것은 투자자가 가지고 있는 강력한 권리이다. 투자자는 질권 설정이 되어 있기 때문에 계약서대로 이행되지 않을 시 담보물을 임의경매로 진행할 수 있다. 심지어 이런 경우도 있을 수 있다. 차주는 대부법인에게 원금과 이자를 지급했는데 대부법인이 투자자에게 원금과 이자를 지급하지 않는 것이다. 세상에 모든 일은 일어나지 말란 법이 없기 때문에 이런 황당한 일도 생길 수 있다. 이런 경우에 투자자는 어떻게 되는 것일까? 차주는 원리금을 지급했는데 대부법인이 중간에서 가로채고 나 몰라라 해버리게 되면 투자자는 담보를 경매 진행을 할 수 있을까? 답은 '할 수 있다.'이다. 차주 입장에서 보면 천인공노할 노릇이다. 자신은 계약이행을 충실히 하고 있었는데 대부법인이 잘 못 해서 자신의 부동산이 경매로 넘어가게 되는 것이다. 그러나 어쩔 수 없다. 법에서는 질권자를 우선하여 보호한다. 이런 내용을 알고 나면 투자자가 대부법인을 신뢰할 필요는 없고 오히려 차주가 대부법인을 신뢰해야 할 이유가 있는 것이다.

4

어떤 사람들이
GPL채권 투자하나

매월 들어오는
돈이 중요

사람마다 부의 가치 기준은 다르다. 어떤 이는 사용하지 않아도 재산이 많은 걸 좋아하고 어떤 이는 재산의 규모보다 안정적으로 매월 들어오는 현금흐름을 선호하기도 한다. 이 둘의 차이는 연령에 따라 극명하게 나뉘게 된다. 젊고 직장 생활이 한창인 사람들은 재테크를 통해 매월 들어오는 소득보다 재산의 규모가 커지는 것을 원한다. 그러나 은퇴 무렵이 다가올수록 소득이 단절되는 것에 대한 불안감이 엄습해온다. 이건 재산이 있어도 마찬가지이다. 들어오는 돈을 사용하는 것과 모여 있는 돈을 갉아먹는 것은 엄연히 다른 얘기이다. 은퇴자들 중에 재산이 충분히 있음에도 씀씀이가 빡빡한 사람들이 있다. 평생 동안 들어오는 돈에 맞춰 생활하는 것에 익숙해져 있는데 들어오는 돈이 없으니 아무리 내가 재산이 있어도 그 돈을 사용하는 게 영 편하지 않다. 옛말에 '곳간에서 빼먹는 곶감은 맛이 없다.'고 했다. 그래서 GPL채권에 투자하는 사람들은 대부분 은퇴자들이 많다.

 GPL채권은 이렇게 현금흐름에 목적이 있는 사람들에게 최적화되어 있는 투자 방식이다. 매월 안정적으로 현금흐름이 발생되는 투자 상품 및 방식은 그리 많지 않다. 매월 들어오는 현금흐름 하면 바로 떠오르는 건 월세를 받는 것이다. 우리는 흔히 '월세나 따박 따박 받고 살았으면 좋겠다.'라는 얘기를 한다. 그러나 필자의 고객들은 그런 얘기를 하지 않는다. 오히려 월세는 받던 분들 중에 많은 분들이 월세를 전세로 돌리고 그 돈으로 GPL채권에 투자하여 이자 받는 것을 선택했다. 이유는 간단하다. 매월 들어오는 돈이 더 많고 세입자 관리 등의 번거로운 일이 덜 생기기 때문이다.

목돈으로
뭘 할지 모르겠다

　필자는 재무상담을 할 때 목돈 운용에 대한 상담을 가장 많이 하게 된다. 이때 굉장히 많은 고객들의 이야기가 "이 돈으로 뭔가 하긴 하고 싶은데 뭘 할지는 모르겠어요."이다. 우리는 실제로 돈이 생기면 이것도 하고 싶고 저것도 하고 싶다고 생각하지만 실제로 큰돈이 생기면 당장 무엇을 할지 막막한 경우가 있다. 흥청망청 소비하는 건 쉽겠지만 그게 아니라 이왕이면 잘 활용하여 나의 삶과 가족들의 안녕에 도움이 되었으면 하는 마음이 크기 때문일 것이다. 금융 투자를 해야 하나 부동산을 매수해야 하나? 부동산과 금융자산은 어떻게 배분하는 게 좋을까? 부동산을 매수한다면 아파트를 해야 하나 상가 또는 토지를 매수해야 하나? 아파트를 매수한다면 어느 지역의 어느 단지를 눈여겨봐야 할 것인가? 등등 끊이지 않는 질문을 스스로에게 던지게 된다. 평소에 돈이 생기면 무엇을 매수하고 싶다는 명확한 목표를 늘 갖고 있던 사람이 아니라면 누구나 이런 고민을 하게 된다.

이때 필자는 얘기한다. "급할 것 없으니 천천히 같이 알아보시죠." 앞서 본 고민은 급하게 해결하려고 한다 하여 급하게 해결되지 않을뿐더러 급하게 처리하다 보면 실수를 하기 마련이다. 그리고 목돈을 당장 어디에 어떻게 사용해야 할지 모르겠다는 얘기는 확신을 갖고 투자할 곳이 아직은 없다는 얘기이다. 그럼 이 시점에서 우리가 할 일은 확신을 갖고 투자할 곳이 생길 때까지 공부하고 알아보면서 돈은 안전하게 지키는 것이다. 돈을 안전하게 지키는 방법으로 보통은 은행의 예금에 넣어두게 된다. 이때 필자는 GPL채권도 같이 활용해보기를 추천한다. 이유는 돈을 놀려서 좋을 건 없기 때문이다. 은행에 넣어둔다는 얘기는 별다른 부가가치 창출 없이 원금을 보존하는 것에 그친다. 그러나 GPL채권으로 투자해놓으면 세전 연 8%라는 부가가치라 만들어지게 된다.

우리가 상가를 투자하든 아파트를 투자하든 안정적으로 연 8%의 수익을 얻는 것은 보통 일이 아니다. 그래서 목돈을 어딘가에 사용하기 전까지 GPL채권으로 투자해놓고 사용할 곳이 생기면 GPL채권 만기가 되는 시점에 연장하지 말고 투자금을 회수하여 새로운 곳에 투자하면 된다고 이야기한다. 이때 궁금한 점은 두 가지이다.

첫째는 '은행처럼 안전한가.'이다. 아무리 부가가치가 만들어진 다 하여도 안전하지 않으면 무슨 소용이 있겠는가? 이는 앞서 살펴봤으므로 이번 장에서는 생략하도록 하겠다.

둘째는 만기이다. 목돈으로 투자할 곳을 찾아서 자금 집행을 하려고 하는데 GPL채권 만기가 안 되어서 돈을 찾지 못하고 투자 타이밍을 놓치면 낭패가 되기 때문이다. 이는 충분히 설득력 있는 고민이고 의문이기는 하나 필자의 경험으로만 본다면 현실적으론 크게 문제가 되지는 않았다.

우리가 큰돈을 투자할 때는 대부분 부동산으로 가는 경우가 많은데 부동산 거래는 계약금과 잔금으로 자금 집행이 진행된다. 부동산을 알아보다가 마음에 드는 물건을 찾게 되면 계약금을 지불하고 수개월 후에 잔금을 치르게 된다. 그러다 보니 시간적으로 보면 투자처를 알아보고 공부하는 데 수개월 계약금과 잔금을 치르는 데까지 수개월이 걸리기 때문에 현실적으론 GPL채권의 만기 1년이 목돈을 활용하는 데 장애물이 되지는 않는다. 그러나 1년 안에 투자할 곳을 찾을 수도 있다는 가정을 한 경우라면 절대로 GPL채권에 투자하면 안 된다. GPL채권 투자는 대부법인으로 입금을 하지만 실제로 그 돈은 차주에게 전달되는 돈이다. 아무리 투자자가 대부법인에게 중도 상환을 요청하여도 대부법인은 중도 상환을 해줄 수가 없다. 투자금은 대부법인이 가지고 있는 것이 아니라 차주에게 대출이 되기 때문이다. 차주에게 대출이 나갈 때는 대출기간이 계약서상에 명시되어 있기 때문에 그 시기가 도래하기 전에는 차주에게 중도 상환을 요구할 수 없다. 그렇기 때문에 1년이라는 기간 안에 돈의 방향을 찾을 것이라 생각되는 경우에는 GPL채권 투자를 절대 지양하기를 바란다.

현금 80억 원이 생겼다

필자는 직업 특성상 갑자기 큰돈이 생긴 고객들의 사례를 많이 보게 된다. 보통은 상속을 받았거나 또는 회사에서 받은 주식(스톡옵션)의 가치가 상승하여 예상치 못했던 큰돈이 생기는 것이다. 실제로 한 사례를 보면 이름만 대면 알법한 스타트업을 만들어 엑시트(회사 매각) 한 고객이 찾아왔었다. 그의 계좌에는 무려 80억 원의 현금이 들어 있었다. 판교에서 직장 생활을 하고 용인시에 있는 집에서 2명의 아이를 키우는 평범한 회사원이었다. 평범한 회사원이 갑자기 80억 원이 생긴 것이다. 말만 들어도 부럽고 행복할 것이라 생각되지만 이분에게는 즐거운 마음과 함께 큰 고민이 있었다. 모르긴 몰라도 뭔가 해야 할 것 같은데 뭘 할지 전혀 감이 잡히지 않았던 것이다. 평생 큰돈을 만져본 경험도 없었고, 가장 큰 규모의 돈을 사용해본 것은 본인이 실거주하는 용인 집에 들어간 돈 3억 원이 최대치였다. 그런데 갑자기 80억 원을 사용하려니 얼마나 두렵고 막막했겠는가.

또한 스타트업 엑시트에 성공할 만큼 자신의 분야에서 능력을 발휘하고 최고가 되기 위해 열심히 일하느라 재테크나 경제 상황에는 관심을 두기 어려운 상황이었다. 이런 상황에서 80억 원을 잘 활용해야 한다. 얼마나 막막하겠는가. 한 번도 안 가본 길을 지도 없이 가야 하는 것이다. 이분에게 상담 시 가장 먼저 한 조언은 "공부하세요."이다. 공부하세요라는 말은 '당신이 갈 목적지를 정하고 그 길을 가는 지도를 만드세요.'라는 의미이다. 지도가 없으면 길을 잘못 들거나 막다른 길에 도달하게 될 확률이 매우 높다. 빨리 가려고 지도를 챙기지 못한 상태에서는 여지없이 후회를 하게 된다.

새로운 삶의 시작

우리는 스스로 공부를 해야 후회 없는 의사결정을 할 수 있다. 80만 원이면 누군가의 말만 듣고도 한 번쯤은 투자해볼 수 있겠지만 80억 원이다. 그 큰돈을 본인이 준비가 안 된 상태에서 다른 사람 말을 듣고 의사결정을 하게 되면 사기를 당하거나 후회하는 의사결정을 할 공산이 매우 크다. 그러니 찬찬히 충분히 공부하고 알아보고 의사결정 하시길 권해드렸다. 그리고 상담 시 이런 말씀을 드렸다. "이제 당신의 인생은 이전과 다를 것입니다. 로버트 기요사키의 ESBI 4분면에 따르면 당신은 E 영역(employee: 봉급생활자)에서 I 영역(investor: 투자가)이 추가된 삶을 살게 된 것입니다. E 영역에서는 전문가이지만 I 영역에서는 초등학생 정도 수준에 불과합니다. 그러니 틈틈이 공부하여 1년이 걸리든 5년이 걸리든 I 영역의 삶을 살 준비를 하셔야 합니다."라고 말이다.

당장 추천할 수 있는 부동산 물건도 있었고 금융 투자도 있었다. 그러나 지금 상황에서 필자가 추천하는 대로 수동적인 자금 집행을 하는 것보다는 본인 스스로 방법을 찾을 수 있도록 도와주고 싶었다. 그래야 큰돈을 담을 수 있는 본인만의 그릇이 생기실 테니 말이다. 상담 이후 주기적으로 필자와 만나 본인이 새롭게 공부한 내용을 토대로 이런저런 대화를 이어나가며 본인만의 방향을 찾아갔다. 이런 상황에서 GPL채권 투자는 I 영역의 삶을 준비하는 데 있어 굉장히 실용적인 투자가 되었다. 이분은 단순히 투자 공부를 하는 것이 아니라 차근차근 새로운 삶을 받아들이는 공부를 한 것이고, 이런 공부는 절대 하루 이틀 만에 되지 않는다. 그리고 공부하는 그 기간 동안 돈이 놀지 않고 부가가치를 창출하며 급여 이외의 소득을 경험하는 것은 I 영역으로의 삶을 준비하는 데 금전적으로나 마인드적으로나 큰 도움이 되었다.

매월 급여 이외의 소득이 또박또박 들어오는 게 너무 좋다고 하시며 임대업을 해야겠다고 결정하셨고 지금은 빌딩을 매수하셨다. 이때도 건물 매수대금의 대부분은 대출을 활용하시고 남은 돈으로 GPL채권 투자를 병행하시라 안내드렸다. 이유는 간단하다. 대출이자비용과 건물의 임대 소득이 GPL채권 수익률보다 낮다. 수익률 2%대 중반만 나와도 높은 수익이라고 말하는 게 빌딩이다. 수익률만 보면 GPL채권 투자보다 빌딩이 아쉬운 면이 있지만, 건물은 시세차익이라는 매력이 있다. 그렇다고 시세차익만 기대하고 현금흐름을 포기하기는 싫은 게 우리네 마음이다. 그래서 건물의 시세차익을 기대하고 더불어 매월 들어오는 소득을 높이려면 건물 투자와 GPL채권 투자를 병행하시라고 안내드렸다.

실제로 이분은 건물에서 나오는 임대 소득보다 GPL채권으로 발생되는 이자소득이 훨씬 더 높다. 건물의 매매가는 60억 원이었고 그중 30억 원을 연 3.5% 금리로 대출받았고 30억 원은 1인 대부업을 등록하고 GPL채권 투자를 했다(전체현금 80억 원 중 60억 원은 건물 매매 대금으로, 20억 원은 아파트 상급지로 이사 권유했음). 월세는 매년 1억 원가량이 들어온다. 자 그럼 계산을 해보자. GPL투자와 병행한 것이 잘한 것인지 아닌지. 두 가지의 경우가 있을 것이다.

1. 대출 없이 60억 원 전체를 자기 자본으로 건물 매매했을 경우.
2. 건물 매매 대금의 30억 원은 자기 자본, 30억 원은 타인 자본(대출)을 활용하고 잉여자금 30억 원을 GPL채권에 투자한 경우.

1번의 경우 연간 임대수익은 세전 1억 원이다.
2번의 경우 연간 임대수익 1억 원−이자비용 1억 5백만 원+GPL채권이자수입 2억 4천만 원=2억 3천5백만 원

두 경우의 수익을 비교해보면 100% 이상 차이가 난다. 누가 보더라도 대출을 활용하여 건물을 매매하고 GPL채권에 투자하는 것이 유리하다는 것을 금방 알 수 있다. 단, 대출이자는 변동이기 때문에 3.5%보다 높아질 수 있다. 그래도 괜찮다. 이자가 8%까지 올라가지만 않으면 되는데 그렇게까지 이자가 올라갈 경우 빌딩 가격이 하락할 확률이 매우 높다. 그럼 그때 GPL채권 투자 자금을 회수하여 다른 빌딩을 저가에 매수하면 된다. 부자가 계속 부자가 되는 이유는 이런 것 아닐까? 이래도 좋고 저래도 좋은 환경으로 투자를 진행해나가는 것. 즉, 지지 않은 게임을 하는 것이다.

또한 은퇴자들이 가장 선호하는 재테크는 단절된 수입을 보완해주는 것 즉, 월세를 받는 것인데 빌딩은 돈이 많이 들기 때문에 상대적으로 적은 금액으로 할 수 있는 상가 투자에 관심을 많이 갖는다. 상가 투자의 목적은 시세차익은 둘째이고 매월 들어오는 현

금흐름이 첫 번째 목적이다. 이때 상가 투자로 월세를 받는 것보다 GPL채권의 이자 수익이 높은 경우가 많다. 실제로 필자의 상담 사례를 보면 상가를 팔고 GPL채권 투자를 하는 사례가 굉장히 많이 있다. 이는 단순히 수익률 때문만은 아니다. 은퇴 이후의 삶이라는 특수성이 GPL채권과 결이 맞기 때문이다. 이는 다음 챕터에서 살펴보도록 하자.

상가 팔고 GPL채권으로 월세 받는 이유

은퇴 예정자들 또는 이미 은퇴한 사람들에게 가장 중요한 것은 현역 때만큼은 아니더라도 생활에 필요한 돈이 매월 들어오는 것이다. 직장 생활을 할 때는 많든 적든 매월 들어오는 소득이 있었고 그에 맞추어 자신과 가족의 생활을 꾸려나갔다. 매월 들어오던 소득이 끊긴다는 것은 주유등에 불 들어온 자동차를 운전하는 것처럼 위태위태하고 불안한 상황이다. 이는 은퇴자에게 굉장히 큰 부담으로 다가온다. 소득이 단절되는 것을 대비하여 국민연금과 퇴직연금 등을 준비하지만 현실적으로 생활을 꾸려나가기에는 부족한 것이 사실이다. 그렇다고 새로 직장을 구하는 것도 쉽지 않은 일이다.

다행히 은퇴할 무렵이 되면 차근차근 모아둔 목돈이 있다(특별한 문제없이 경제활동이 이루어져 왔다면). 이 목돈을 잘 활용하여 은퇴생활에 도움이 되고자 여러 가지 방안을 알아보게 된다. 동학 개미 운동이 붐을 일으키며 주식이나 ETF 등도 알아보지만 이는 시세 차익을 얻는 것이지 매월 현금흐름이 들어오는 것이 아니기 때문에 대상에서 제외된다. 물론 배당주를 통해 매월 현금흐름이 들어오도록 만들 수는 있으나 금융자산은 가격 등락으로 부침이 있기 때문에 선택하기가 쉽지 않다. 상황이 이렇다 보니 상가를 구입하여 월세를 받는 선택을 많이 하게 된다. 그리고 대한민국에서 부동산은 불패라는 수식어가 붙어 있지 않는가.

상가는 부동산 자산이기 때문에 어디 가지도 않고, 가격 등락이 주식이나 ETF처럼 심하지 않기 때문에 마음의 안정에도 도움이 된다. 그리고 월세를 내는 것은 부담되는 일이지만 월세를 받는 일이란 얼마나 즐거운 일인가? 난생처음으로 일하지 않고도 들어오는 소득을 만들게 되는 것이다. '나도 이제 월세 받는 사람이야.'라는 즐거운 상상을 하게 된다. 그러나 인생이 그렇게 호락호락하지 않다는 것을 다시 한번 느끼게 되는 경우들이 많다.

공실의 위험

|||||||||||

상가 투자로 의미 있는 소득과 투자 성과를 거두는 이들도 많이

있다. 이들은 대부분 직장 생활을 하면서 동시에 부동산 공부 및 상가를 보는 눈을 키워온 사람들이다. 즉, 초보가 아니라는 말이다. 현재의 안정적인 임대 소득을 위해 부단히 노력하고 많은 시간을 쏟은 사람들이 상가로 생활비를 마련하는 데 성공하는 것이다. 돈을 번다는 것은 임대 소득이건 근로소득이건 쉬운 건 없다. 어디나 기회가 있듯, 어디나 위험이 있다. 준비가 안 된 상태에서 생활비 마련이라는 욕구를 채우기 위해 상가 시장으로 들어섰다가 낭패를 당하는 경우가 비일비재하다. 실제로 필자는 너무나 안타까운 사례를 많이 봤다.

수익형 호텔이나 오피스텔(원룸형), 신도시 상가 등 그럴싸해 보이는 상가를 투자한 후 임차인이 들어오지 않는 것이다. 분명 나한테 설명을 한 사람은 사람들이 많이 찾는 물건이기 때문에 공실이 될 걱정은 없다고 얘기했다. 그리고 내가 보기에도 그래 보였다. 그러나 나처럼 많은 은퇴자들이 상가를 매매하고 임대를 내놓다 보니 세입자 구하기가 여간 어려운 게 아니다. 말 그대로 또 경쟁인 것이다. 이놈의 경쟁 은퇴하면 작별인 줄 알았는데 내 발로 경쟁 속으로 걸어 들어간 것이다. 경쟁에서 이기려면 물건의 특별함이나 임차료를 저렴하게 해야 한다. 물건의 특별함은 내가 어찌할 수 없으니 가격경쟁이라도 해보려고 하면 수익률이 낮아져 생활비에 큰 보탬이 되지 않는다. 또한 내가 가격을 내리게 되면 다른 사람도 가격을 내려 결국은 치킨게임(거래를 위해 서로 가격을 내리며 제 살 깎아 먹는다는 의미)을 하게 되어 서로가 낭패를 보고 세입자만 좋은 가격에 공간을 마련하게 된다. 상가를 사기만 하면 임대가 맞춰질 것이라는 것은 나의 기대이지 시장에서는 통하지 않을 수 있는 이야기이다. 실제로 상가를 분양받고 수년간 공실에 있어 이러지도 저러지도 못하는 경우가 굉장히 많이 있다. '공실이 되면 팔면 되지 않나?'라고 생각할 수도 있는데 세입자가 맞춰지지 않는 상가를 누가 제값 주고 사려고 하겠는가? 즉, 은퇴생활을 뒷받침해줘야 할 최후의 보루가 묶여버리는 것이다.

좋은 세입자 만나기란

만일 세입자가 맞춰졌다 해도 그렇게 만족스럽진 않을 수 있다. 80~90년대야 집주인이 주인이고 세입자는 아랫사람 같은 입장이었지만 이제는 반대가 되었다. 세입자는 임대인의 소중한 고객님이신 것이다. 세입자가 돈을 주기 때문에 나의 생활이 영위되는 것이다. 세입자 구하기가 어려울수록 세입자의 요구를 들어줄 수밖에 없다. 상가를 임대해주었다는 것은 내 물건을 빌려주고 돈을 받는 것인데, 빌려준 물건에 세입자의 귀책사유가 없는 하자가 발생하면 주인이 해결해주어야 한다. 물론 큰 문제가 아니라 소소한 문제들이라면 괜찮지만 수도시설이나 보일러처럼 꽤나 돈이 많이 들어가는 일들도 있다. 돈도 돈이지만 세입자와의 관계도 문제가 된다. 성실하고 매너 있는 세입자라면 문제가 안 되겠지만 어디 그런 사람만 임차인으로 들어오라는 법이 있는가? 세상에는 정말 상식을 벗어나는 사람도 많이 있다. 툭하면 전화해서 이거 해달라 저거 해달라. 밤낮을 가리지 않고 자신의 권리를 주장하며 임대인을 번거롭게 하는 사람이 있다.

번거롭게만 하면 다행이다. 월세까지 입금하지 않으면 정말 낭패다. 코로나로 인해 매월 또박또박 월세를 받는 것이 얼마나 어려운 것인지 많은 사람들이 경험하게 되었다. 세입자도 장사가 되고 돈을 벌어야 월세를 입금할 돈이 생길 텐데 당장 본인도 먹고 죽을 돈이 없는데 어떻게 월세를 입금하겠는가? 임차인만 맞추면 다 해결될 것 같았는데 경제 상황도 나에게 타격을 입힐 수 있음을 알게 된다. 물론 월세를 입금하지 않아도 보증금을 받아두었기 때문에 금전적인 손해를 입지는 않겠지만 매월 들어와야 하는 소득이 안 들어오니 불편하고 불안해진다. 그렇다고 미리 받아둔 보증금을 꺼내서 쓰려니 마음이 영 불편하다. 월세를 많이 받기 위해 보증금을 적게 받아둔 상태라면 정말 방법이 없어진다. 또한 대출을 받아 상가를 구매했다면 더욱 낭패다. 월세는 안 들어오지만 은행에 이자는 납입해야 하기 때문이다. 그냥 매월 또박또박 월세가 입금되고 특별히 신경 쓸 게 없으면 좋겠지만 어찌 이렇게도 내 마음 같지 않은지라는 생각을 하게 된다.

상가 임대수익률

|||||||||||||

너무 부정적인 이야기만 늘어놓은 것 같은가? 그럼 이제 긍정적으로 생각해보자. 은퇴생활에 필요한 돈을 마련하기 위해 상가를 분양받았고 정말 좋은 임차인이 들어와 신경 쓸 거 없이 매월 또박또박 월세가 들어오게 되었다고 가정해보자. 그럼 이제 신경 쓸 일이 없을까? 필자의 대답은 아니올시다이다. 상가 투자를 하는 이유는 매월 소득을 만들기 위함이다. 과연 소득이 만족스러울까?

전국 상가 투자 수익률을 보면 4%대 안팎이다. 1억 원짜리 상가를 분양받았다면 연 400만 원, 월 33만 원 정도의 수입이 생긴다는 것이다. 4%대 월세를 받기만 하면 그나마 다행인데 세금도 내야 하고 더 큰 문제는 상가가 있다 보면 건강보험료가 상승된다는 것이다. 이는 뒤에서 자세하게 다루겠지만 건강보험료는 직장가입자와 지역가입자 피부양자로 나뉜다. 직장 생활을 할 때는 직장가입자 신분이기에 건강보험료에 크게 신경 쓸 일이 없었는데 은퇴하고 나면 지역가입자 신분이 된다. 지역가입자 신분이 된다는 것은 두 가지를 의미한다.

첫째 직장가입자 때처럼 보험료의 50%를 내줄 사람이(직장가입자는 회사가 50% 부담해줌) 없으니 내가 100% 부담해야 한다.

둘째 소득뿐 아니라 재산에도 점수가 매겨져 건강보험료가 부과

된다는 점이다. 상가를 매입하여 월세를 받기 시작하면 재산과 소득이 늘어나는 것이다. 그에 따라 건강보험료가 같이 늘어난다. 소득이 있어 건강보험료 납부하는 것은 부담은 되지만 이해는 할 수는 있다. 그러나 상가를 보유하는 것만으로도 건강보험료가 추가로 부과된다는 점은 억울한 면이 있다. 상가가 공실로 있어 월세가 들어오지 않아도 건강보험료는 부과된다는 점이 또 한 번 상가 투자자를 놀라게 한다. 또한 상가로 월세를 받으면 사업자등록을 해야 하는데 이는 사업소득으로 간주되어 피부양자 자격 상실 요건이 된다. 즉 4%대 월세를 받으려고 했다가 이래저래 생각하지 못했던 비용이 발생한다는 것이다. 이런 부가적인 비용까지 감안한다면 4% 수익에 만족할만한 사람이 어디 있을까라는 의문이 든다.

애물단지 상가보다 GPL채권

상가 투자를 통해 월세를 받는 것이 꼭 부정적인 면만 있는 것은 아니다. 계획대로 잘만 되면 시세차익은 물론이고 소득창출이 가능하다. 필자는 상가 투자보다 GPL투자가 더 좋다고 얘기하는 게 아니다. 다만, 성공적인 상가 투자자는 준비된 자들만이 누릴 수 있는 특권이다. 자본주의 사회에서는 어떠한 시장도 준비 안 된 참여자에게 경제적 이득을 주지 않는다. 대부분 직장 생활을 하다가 은퇴한 사람들은 상가라는 시장에 참여할 준비가 안 되어 있는 경우가 많다. 그러다 보니 상가 투자가 일반적인 대안이 될 수 없는 것이다. 실제로 상가 투자를 했다가 정리하고 GPL투자로 변경한 사람들이 굉장히 많다. 이유는 두 가지이다.

첫째 상가로 월세 받는 것보다 GPL채권으로 이자 받는 게 더 많다. 이왕이면 다홍치마라고 같은 투자금으로 더 많은 생활비를 만드는 것을 누가 싫어하겠는가. 상가의 평균적인 수익률을 4%라고 가정하면 1억 원당 세전 연 수입은 400만 원이 된다. 반면에 GPL채권은 세전 8%이기 때문에 상가 수익의 두 배인 연간 800만 원이 나오게 된다. 세율은 개인마다 차이가 있기 때문에 세전으로 비교를 해본다면 상가 투자보다 GPL채권 투자가 더 매력적인 것을 알 수 있다. 상가 투자를 하다가 GPL채권 투자로 방향을 돌린 사람들의 2번째 이유는 신경 쓸 것이 없다는 것이다. 물론 GPL채권 투자를 대부법인을 활용하여 진행하지 않고 물건 확보부터 여러 가지 업무처리를 본인이 직접 한다면 이자 수익은 올라가겠지만 신경 쓸 것이 굉장히 많다. 그렇기에 혼자 하는 것보다 대부분은 대부법인과 함께 GPL채권 투자를 진행하게 된다. 그럼 사실상 투자자의 입장에서는 계약서 작성과 질권 설정을 위한 초본만 준비하면 끝이다. 채무자 관리부터 기타 업무적인 부분은 대부법인이 모든 걸 맡아서 처리한다.

실제로 필자의 대부법인과 함께하는 고객들은 이런 얘기를 하곤 한다. "별일 없는 거죠? 너무 무소식이라…. 이자는 잘 들어오는데 너무 아무 일도 없어서 이럴 수도 있는 건가…. 싶어서요."라고 말이다. 이런 피드백은 대부법인 운영자 입장에서는 극찬을 받은 것이나 다름없다. 특히 상가 투자를 하다가 넘어오신 분들의 만족도는 이루어 말할 수가 없다. 필자는 이런 분들에게 이야기한다. "만족하셔서 저도 기분 좋습니다. 그러나 상가 투자보다 GPL채권이 좋은 것이 아닙니다. 이전에는 고객님께서는 상가로 부가가치를 만들 수 있는 준비가 덜 된 상태에서 시작하셔서 힘드셨을 수도 있어요. 언제든 상가 투자가 하고 싶으시면 GPL채권 만기 됐을 때 상가 투자를 진행해보셔도 됩니다. 상가 투자는 월세뿐만 아니라 시세차익도 얻을 수 있으니까요. 단, 준비 단단히 하시고 시작하셔야 합니다. 이전과 같은 일이 반복되면 안 되니까요. 준비되실 때까지는 안정적으로 이자 잘 받으실 수 있도록 저희도 노력하겠습니다."라고 말이다.

GPL투자로
건강보험료 부담 줄이는 방법

필자는 은퇴자 또는 은퇴 예정자를 많이 만난다. 이들의 고민은 여러 가지가 있겠지만 누구에게나 공통적으로 있는 고민이 바로 건강보험료이다. 직장 생활을 하고 있는 사람들에게는 와닿지 않을 수 있는 내용이지만, 그들도 언젠가는 이 문제에 봉착하게 될 테니 미리 알아두면 대비하는 데 있어 도움이 될 것이다. 우리나라의 건강보험료 부과체계를 보면 세 가지의 신분(?)이 있다. 직장가입자, 지역가입자, 피부양자. 내가 어디에 해당하는지 알고 그에 맞는 전략을 잘 활용해야 건강보험료의 부담을 줄일 수 있다.

먼저 알아볼 것은 직장가입자와 지역가입자의 차이이다. 직장가입자는 4대 보험(국민연금, 건강보험, 산재보험, 고용보험)이 적용되는 곳에서 직장 생활을 하는 사람이다. 여기에 해당하는 사람은 건강보험료 부담이 상대적으로 적다. 직장가입자는 건강보험료로 소득의 6.99%를 납부하게 되고 그 금액(건강보험료)의 12.27%를 장기 요양 급여로 납부하게 된다. 예를 들어 급여가 300만 원이라면 건강보험료는 6.99%인 209,700원이 되고 여기에 12.27%의 25,730원이 장기 요양 급여인 것이다. 즉 300만 원 급여일 경우 235,430원이 건강보험료로 부과되는 것이다. 이 금액을 직장가입자는 본인이 전액 납부하지 않고 소속되어 있는 회사에서 50%를 부담해준다. 그럼 300만 원 급여일 경우 부과되는 건강보험료는 235,430원인데 여기서 근로자가 부담하는 금액은 117,715원이 되는 것이다. 자 이제 지역가입자의 건강보험료 체계를 알아보자. 지역가입자도 건강보험료율은 직장가입자와 동일한 6.99%이다. 그러나 직장가입자와는 두 가지의 차이점이 있다.

첫째는 직장 생활을 하지 않기 때문에 건강보험료의 50%를 대신 납부해줄 대상이 없다. 부과되는 건강보험료를 본인이 100% 부담을 해야 한다는 것이다.
둘째는 재산에도 건강보험료를 부과한다는 것이다. 직장가입자는 소득에 대해서만 건강보험료가 부과되지만 지역가입자는 소득과 재산에 건강보험료가 부과되는 방식이다. 이와 같은 건강보험료 부과 방식은 은퇴자들에게 굉장한 부담이 된다. 은퇴자들의 특징은 소득은 없고 재산은 많다는 것이다. 그도 그럴 것이 은퇴하여 일을 하지 않으니 소득은 연금밖에 없을 것이고, 그동안 살아오면서 축적된 재산이 있는 것이다. 소득은 없고 현금이 아닌 부동산 재산만 있는 상태에서 현금으로 매월 건강보험료를 납부해야 하니 부담이 안 될 리 없다. 그리고 재산의 규모가 크면 클수록 건강보험료의 부담도 커지는데 최근 몇 년 사이 주택의 공시가격이 상승하면서 덩달아 건강보험료도 같이 상승하게 되었다. 소득은 늘지 않았는데 집값이 상승했기 때문에 고정 비용이 늘어나게 된 것이다. 자 그럼 어떻게 GPL채권 투자를 통해 어떻게 건강보험료 부담을 줄일 수 있는지 알아보자.

피부양자 전략

여기 지역가입자인 60대 노부부가 있다. 이들의 소득은 국민연금 30만 원과 임대 소득 90만 원이 있다. 재산으로는 시세 6억 원 하는 아파트 2채가 있는 상황이다. 이 부부에게 부과되는 월 건강보험료는 약 30만 원이 된다. 수입은 120만 원인데 여기서 건강보험료로 약 30만 원을 납부해야 한다. 부부가 생활비 90만 원으로 살아가기에는 녹록지 않다. 그러다 보니 자녀들이 생활비를 보태주고 있는 실정이다. 이와 같은 상황에 있는 노부부라면 필자는 이렇게 제안한다. "피부양자가 될 수 있는 조건을 갖추시면 됩니다." 피부양자는 재산과 소득이 일정 요건에 충족되면 자녀의 건강보험에 피부양자로 인정되어 건강보험료는 납부하지 않아도 되는 신분(?)이다. 그럼 요건이 무엇인지 알고 그 요건에 내가 맞출 수 있는지 알아보는 것이 중요하다. 피부양자 요건은 여러 가지가 있지만 가장 중요한 것은 소득과 재산이다. 그 기준은 표와 같다.

> **1. 재산과표 5억 4,000만 원 이하**
> **2. 소득 2,000만 원 이하**
> - 이자, 배당, 연금(사적연금 제외), 근로, 기타소득
>   합산하여 2,000만 원 이하
> - 사업소득 있으면 안됨
>   사업자등록 없는 사업소득 500만 원 이하
>   (보험모집원, 학원강사 등 프리랜서)
> - **임대사업자 등록 임대수입 연 1,000만 원**
>   **임대사업자 미등록 임대수입 연 400만 원**

이 부부는 재산의 규모가 과세표준 5.4억 원 이하이기 때문에 피부양자 요건에 충족되고 소득도 2,000만 원 이하로 피부양자 요건에 충족된다. 하지만 임대 소득이 연간 400만 원을 초과하기 때문에 피부양자 자격에 충족되지 않는 것이다. 그럼 이 부부

는 딱 한 가지만 조정해주면 된다. 월세를 반전세로 변경하여 임대 소득을 연간 400만 원 이하로 맞추는 것이다. 그럼 재산과 소득 요건 모두 충족되어 피부양자 자격을 얻게 되고 건강보험료를 납부하지 않을 수 있다.

잠깐!! 여기서 드는 의문이 있을 것이다. 아니 건강보험료 월 30만 원을 아끼자고 임대 소득을 연 1,080만 원에서 연 400만 원 이하로 줄인다는 것은 현명한 방법이 아니지 않은가? 우리의 목적은 건강보험료만을 줄이는 게 아니라 매월 안정적인 현금흐름을 얻는 것인데 말이다. 건강보험료 줄이기 위해 수입을 줄이다니 이건 도저히 납득이 가지 않는다.라는 생각을 많이 할 것이다. 맞다. 이렇게 할 거면 차라리 건강보험료가 부과되더라도 임대 소득을 유지하여 매월 사용할 수 있는 돈의 양을 지키는 면이 낫다. 그러나 월세를 반전세로 변경하는 데에는 그만한 이유가 있다.

자 여기서 한번 생각해보자. 월세를 반전세로 변경했다는 얘기는 보증금을 받았다는 얘기이고, 보증금은 특별한 계약 조건이 없다면 2년 후에 돌려주면 되는 돈이다(또는 2년 후 다음 세입자에게 받은 보증금으로 기존 세입자의 보증금을 돌려주어도 된다). 이때 보증금으로 받은 돈을 GPL채권에 투자하여 줄어든 만큼의 임대 소득을 이자소득으로 대체하는 것이다. 현재 월세 계약은 보증금 5,000만 원/월세 90만 원인데, 이걸 보증금 2억 5,000만 원/월세 30만 원으로 변경하는 것이다. 그럼 2억 5,000만 원의 목돈이 생긴다. 이 중 1억 원은 비상금으로 가지고 있고, 1억 5,000만 원을 GPL채권에 투자한다면 세전 이자소득은 월 100만 원이 되고 세후 72.5만 원 된다. 그럼 피부양자로 인정되어 건강보험료를 납부하지 않아도 되고 표에서 보는 것처럼 현금흐름이 50%가량 증가하게 된다.

갖고 있는 재산과 조건은 모두 동일한데 소득의 구조를 임대 소득으로 하느냐 이자소득으로 하느냐의 차이가 포인트인 것이다. 90만 원의 현금흐름으로 생활해야 하는 노부부에게 월 42.5만 원의 추가 현금흐름은 밥상의 반찬을 바꿔주기에 충분하다.

	변경 전	변경 후
소 득	국민연금 30만 원 월세수입 90만 원	국민연금 30만 원 월세수입 30만 원 GPL채권 이자소득 세후 72.5만 원
재산과표	아파트 2채 3.1억 원	아파트 2채 3.1억 원
건강보험료	-30만 원	X (피부양자)
월잉여현금	90만 원	132.5만 원

* 재산과표=공시가×공정시장가액비율 60%

직장가입자 전략

|||||||||||||

　은퇴자들은 지역가입자로서 건강보험료를 납부하고 있다. 이 상황에서 건보료를 줄이는 방법은 크게 두 가지이다. 첫째는 재산과 소득을 줄이는 것이다. 그러나 건보료를 줄이기 위해 재산과 소득을 줄이고 싶은 사람은 없을 것이다. 재산과 소득을 줄이는 두 번째는 바로 지역가입자에서 피부양자 또는 직장가입자가 되는 것이다. 앞서 보았듯이 일정 요건이 충족되면 피부양자가 되어 건강보험료로부터 자유(?)를 얻을 수 있다. 그러나 일정 요건을 충족되지 않는 사람들은 피부양자가 될 수 없다. 그럼 그들은 직장가입자가 되어야 한다.

　직장가입자가 되는 방법은 두 가지가 있다. 첫째는 4대 보험에 적용되는 회사에서 근무하는 것이다. 할 수만 있다면 야 이렇게 하고 싶다. 그러나 요즘 젊은 사람들도 취업하기 어려운데 나이 든 은퇴자를 4대 보험까지 적용해주면서 채용할 회사가 얼마나 될까? 현실적으로 쉽지 않은 문제이다. 그러나 여기서 포기할 필요는 없다. 직장가입자가 되기 위해서 취업하기 어렵다면 직접 법인회사를 창업하고 스스로를 셀프 고용해도 된다. 이 말은 내가 법인회사를 만들고 대표자가 되어 법인으로부터 급여를 받으면 된다는 것이고, 법인의 대표자도 급여를 받으면 직장가입자가 될 수 있다는 것이다.

그럼 이런 질문이 들 것이다. '법인을 만들어서 대표가 되는 거야 법무사 대동하여 진행하면 되는 행정적인 문제이니 어려울 게 없다. 그런데 법인을 만들면 뭐 하나? 법인이 일을 해서 돈을 벌어야 급여도 주고 4대 보험도 적용할 것 아닌가? 난 사업도 안 해봤고, 법인을 운영해본 적도 없다.'라는 생각 때문에 애초에 법인을 설립하여 셀프 고용한다는 생각을 못 하는 경우가 많다. 자 지금부터 집중해보자.

돈을 번다는 것은 크게 두 가지가 있다. 근로소득과 자본소득이다. 회사에 나가 근로를 제공하고 받는 돈은 근로소득이고, 내가 가지고 있는 돈이 일을 해서 돈을 벌어오는 것은 자본소득이다. 법인도 마찬가지이다. 법인도 사람이 일해서 돈을 버는 곳이 있고 돈이 일을 해서 돈을 버는 곳이 있다. 사람에게도 직업이 있듯, 법인에게도 직업이 있다. 우리는 법인의 직업을 다른 말로 업태, 업종이라고 한다. 서비스를 제공하고 돈을 버는 회사는 서비스업, 물류 유통을 하여 돈을 버는 법인은 유통업, 물건을 만들어 판매하는 곳은 제조업이다.

그럼 돈이 돈을 벌어오는 업은 무엇일까? 바로 대부업이다. 대부업은 갖고 있는 돈을 빌려주고 이자를 받는 것을 업으로 하는 회사이다. 자 그럼 필자가 대부업을 이야기한 이유를 눈치챘는가? 맞다. GPL채권 투자를 할 때 개인 명의로 할 수도 있지만 1인 대부법인을 설립하여 GPL채권 투자를 하게 되면 법인에 매출이 발생하고 그 매출을 대표자가 급여 형태로 수령하는 것이다. 그럼 직장가입자가 되어 건강보험료 부담이 굉장히 낮아지게 된다. 단, 여기서 주의할 점은 있다. 1인 대부법인을 설립하여 유지하는 데에는 매월 고정 비용이 발생한다. 세무기장료, 한국대부금융 협회비 사무실 임차료 등이 있다. 그러니 비용과 실익을 잘 계산하여 진행하는 것이 필요하다. 이번 장에서는 아이디어 단계로 이야기했다면 6장에서 1인 대부법인을 설립&운영하는 데에 필요한 모든 걸 이야기해보도록 하겠다.

아파트 월세보다
GPL채권이자가 좋은 이유

　노후에 안정적인 소득을 만들기 위해 은퇴자들이 가장 많이 알아보는 것이 월세이다. 시간을 들여 노동을 하지 않아도 월급처럼 돈이 또박또박 들어오니 이처럼 좋은 게 있을 수 없다. 월세를 받기 위해 가장 많이 알아보는 대상이 상가와 아파트이다. 이번 장에서는 아파트 월세를 다뤄볼까 한다. 필자는 상담 시 월세를 받는 분들께 월세에서 전세로 변경하는 것을 고려해보라고 안내한다. 그럼 대부분의 고객들은 이렇게 얘기한다. "전세금 받아서 뭐 해요. 은행에 넣어봤자 이자도 얼마 안 나오는데. 차라리 월세 받아서 생활비에 보태는 게 낫지요." 여기서 중요한 건 '은행에 넣어봤자 이자도 얼마 안 나오는데.'이다. 그럼 이자가 높으면 은행에 넣겠다는 말이지 않은가? 만일 은행에 넣어 이자로 받는 돈이 월세보다 많으면 누가 권유하지 않아도 월세를 전세로 변경할 것이다. 그게 본인에게 가장 합리적인 선택이니 말이다.

여기서 포인트는 안정적으로 이자를 받는 것이지 은행에 넣는 것이 아니다. 돈을 넣고 이자를 받을 수 있는 곳을 은행으로 한정 지으면 월세와 은행 이자만을 비교할 수밖에 없다. 그러나 우리는 GPL채권을 알지 않는가? 앞서 보았듯이 GPL채권의 안정성은 이미 확인됐다. 그럼 결론은 이렇게 된다. 안정성도 있고 매월 들어오는 돈도 은행보다 많다는 것이다. 얼마나 차이가 나는지 실제 예시를 들어 확인해보자.

경기도의 신도시 아파트 중 매매가 7.5억 원인 집이 있다. 이 집의 전세가는 4.5~5억이다. 그리고 월세는 5,000만 원/150만 원이다. 이 아파트로 월세를 받는 사람은 7.5억의 자산을 사용할 수 있도록 빌려주고 매월 150만 원의 돈을 받는 것이다. 여기서 월세를 전세로 변경하면 매월 들어오는 소득은 없어지고 전세보증금 4.5~5억 원이라는 목돈이 들어오게 된다. 전세금 4.5억 원을 받았다고 가정해보자. 그리고 월세의 보증금 5,000만 원이 있었으니 전세금 4.5억 중 4억 원을 GPL채권에 투자했다고 가정해보자. 4억 원을 GPL채권으로 투자하면 세전 월 266만 원 세후 193

만 원이 이자수입으로 들어온다. 매월 소득이 월세 150만 원에서 이자소득(세후) 193만 원으로 43만 원인 28.6%가 상승하는 것이다. 연간으로는 516만 원 증가한다. 연간 516만 원이면 사회 초년생의 2달 치 월급에 해당하는 금액이다. 특별한 노력을 하지 않고 자신의 자산을 이용해 소득화하는 방법의 변경으로 인해 월 43만 원의 수입이 늘어나는 것은 실생활에 큰 도움이 된다.

7.5억 원 아파트 임대 수익		
월세 시세	전세 시세	전세금 4억 GPL채권
보증금5,000만 원/월세 150만 원	보증금 4억 5,000만 원	(세후) 이자 193만 원

근데 여기서 한 발 더 나아가서 1인 대부법인을 설립하면 그 효과는 더욱 극대화된다. 4억 원을 1인 대부법인을 설립하여 투자하면 두 가지 장점이 있다. 첫째는 세금이다. 둘째는 건강보험료이다. 우선 세금 측면을 살펴보자. 법인으로 투자하면 세전 이자인 월 266만 원이 매출이 발생한다. 여기서 비용을 제외하고 남은 이익금에 대해서는 법인세 11%만 납부하면 된다. 개인이 투자할 때 적용되는 이자소득세 27.5%의 절반도 안 되는 수준이다. 여기서 이런 얘기를 할 수도 있다. 법인에서 개인 명의로 급여를 줄 때는 어차피 소득세를 내지 않는가? 그럼 큰 차이 없는 거 아닌가? 큰

차이가 있다. 법인이 비용처리가 되듯 개인은 각종 소득공제가 된다. 실제로 연봉 2,000만 원 정도 수준까지는 내야 할 세금이 거의 없다고 봐도 무방하다. 또 하나 이어지는 질문이 법인은 운영에 필요한 기본 경비가 있지 않은가? 맞다. 법인은 세무기장료와 대부협회비, 사무실 임차료 등이 매월 지출된다. 여기서 가장 큰 비용은 사무실 임차료인데 사무실 임차료를 최대한 줄이면 20만 원 정도에도 얼마든지 사무실을 구할 수 있다. 그럼 기장료와 협회비 임차료를 합하여 35만 원 정도의 비용으로 법인이 운영된다. 실제 법인의 가장 큰 비용은 인건비이다. 그러나 인건비의 대상이 자신이기 때문에 이건 비용으로 볼 수 없다.

자 정리해보자. 개인 명의로 4억 원을 투자할 때는 세전 이자소득 266만 원에서 73만 원이 세금으로 제외된다. 그러나 법인으로 투자하면 매월 고정 비용은 35만 원 수준으로 개인에 비해 절반 정도 수준밖에 되지 않는다. 그럼 여기서 월세를 받는 것과 법인으로 GPL채권에 투자한 결과를 비교해보자. 월세 150만 원 vs 법인으로 GPL채권 투자 231만 원(매출 266만-비용 35만)이 되므로 약 80만 원의 추가 소득이 만들어진다. 월 80만 원이면 생활의 질은 굉장히 좋아질 수 있다. 밥상 위의 삼겹살이 1등급 소고기 등심으로 바뀔 수 있는 돈이다.

	개인 GPL	대부 법인 GPL
세전 이자	266만 원	266만 원
세금/비용	세금 27.5% (73만 원)	비용 35만 원
월 현금 흐름	193만 원	231만 원

(대부법인 일회성, 연간비용 제외)

법인으로 투자 시 좋은 점의 두 번째는 건강보험이다. 은퇴자들이 가장 무서워하는 것은 건강과 건강보험료라고도 한다. 건강보험료는 살아 있는 동안 계속 납부해야 하고 그 금액이 오르면 오르지 줄어들 확률은 매우 적다.

은퇴 후 다행히 자녀가 4대 보험이 적용되는 직장에서 근무하여 피부양자가 되면 좋겠지만 그렇지 않은 경우에는 지역가입자로서 건강보험료에 큰 부담을 느끼게 된다. 법인으로 투자하면 대표자로서 급여를 책정할 수 있고 건강보험 직장가입자가 될 수 있다. 만일 당신이 월세를 받고 있다면 전세로 변경하는 것을 고려해보기 바란다. 이는 같은 재산으로 더 많은 소득을 만드는 것이니 말이다. 1인 대부법인 운영 시엔 앞서 살펴본 월간 비용 이외에 일회성 비용, 연간비용 등이 추가로 발생한다. 이 부분과 대부법인 운영에 대해서는 7장에서 더욱 자세히 알아보도록 하자.

5

GPL채권 투자 시 주의사항

GPL채권 투자에서 신경 써야 할 두 가지 리스크

모든 투자에는 기대 수익과 그에 상응하는 리스크가 있기 마련이다. 필자는 GPL채권뿐만 아니라 ETF, 부동산 등 모든 투자를 진행할 때 리스크에 먼저 집중하는 편이다. 기대 수익을 얻기 위한 과정에 어떤 리스크가 있는지 파악하고 그 리스크를 내가 관리 또는 제거할 수 있으면 기대 수익을 얻기 위해 투자를 집행한다. 그럼 GPL채권에는 어떤 리스크가 있을까? 그리고 그 리스크를 어떻게 제거할 수 있을지 알아보자.

GPL채권에 투자할 때 리스크라는 것은 채무자가 계약서대로 돈을 주지 않는 것이고, 채무불이행으로 경매를 진행했음에도 불구하고 투자금을 100% 회수하지 못하는 경우를 말한다. 이런 리스크는 크게 두 가지가 있다. 첫째는 담보물의 가치 하락이고, 두 번째는 담보물의 권리 분석을 잘못하여 배당 시 후순위로 밀리는 것이다. 자 이제 우리는 두 가지 리스크만 제거하면 된다. 우선 첫 번째 리스크인 담보물의 가치 하락에 대한 부분을 알아보자.

담보물의 가치가 하락하는 것은 우리가 막을 수 없는 일이다. 담보물의 가치는 어느 한 개인에 의해서 결정되는 것이 아니라 시장에서 결정되는 것이기 때문이다. 즉, 투자자 입장에서는 불가항력이란 말이다. 그럼 불가항력적인 리스크를 어떻게 관리할 수 있을까? 여기에는 두 가지 방법이 있다. 첫째는 LTV 비율을 시장 상황에 맞추어 적용하는 것이다. 우리가 투자하는 GPL채권은 아파트를 담보로 한다. 아파트는 한국인이 가장 선호하는 주거 형태이기 때문에 거래가 활발하고 시세 확인이 수월하다. 또한 아파트는 주식 가격처럼 하루아침에 몇십 프로씩 변동하지 않고 천천히 움직이는 속성을 갖고 있다. 가격이 움직이기는 하나 '천천히 움직인다.'가 포인트이다. 필자의 대부법인이 갖고 있는 GPL채권은 LTV 75% 이하이며 만기는 모두 1년으로 되어 있다. 이렇게 한 이유는 시장의 움직임에 대응하기 위함이다. 1년 안에 25%의 가치가 하락하지 말란 법은 없지만 현실적으로 그런 가능성은 굉장히 희박하다. 부동산 대폭락을 이야기할 때 1997년 IMF 외환위

기와 2008년 글로벌 금융위기를 말한다. 이때도 1년 만에 25%의 하락이 발생하지는 않았다. 2~3년에 걸쳐 30~40%가 하락한 것이다. 즉, 만기가 1년이라는 것은 채무자가 돈을 갚지 않아 경매를 진행하더라도 담보가치가 75%까지 하락할 시간을 안 주는 것이다. 1년 만기를 이야기하면 이런 질문이 나올 수 있다.

이자는 1년간 잘 주다가 만기 시점에 원금을 안 줘서 경매를 진행하게 되면 GPL채권 투자 계약 시점으로부터는 1년 이상 걸리는 것 아니냐고 말이다. 그럼 그 추가된 몇 개월 사이에 부동산 가치가 하락할 수 있는 것 아니냐는 질문을 할 수 있는 것이다. 물론 그럴 수 있다. 그러나 대부 시장을 이해하면 조금은 생각이 달라질 수 있다. 대부법인에서 필자가 아는 한 75%의 비율을 목숨처럼 지키는 회사는 찾기 힘들다. 85% 수준의 LTV 비율을 적용하는 대부법인들이 많이 있다. 만일 우리의 GPL채권이 만기가 되는 시점에 채무자가 돈을 갚지 않아 경매를 진행하게 되면 이때 채무자는 보통 높은 LTV 비율을 적용해주는 대부법인에서 대출을 받아 필자의 대부법인에게 상환을 한다. 자신의 아파트가 경매로 넘어가는 것을 눈 뜨고 가만히 보기만 하는 집주인들은 드물다. 어떻게 해서든 경매를 막으려고 노력하게 된다. 이때 우리의 GPL채권은 LTV 비율이 상대적으로 낮게 책정되어 있기 때문에 타 대부법인을 활용한 대환이 가능한 것이다. 만일 우리의 GPL채권이 높은 LTV 비율을 적용하고 있다면 타 대부법인을 활용한 대환을 시도조차 할 수 없게 될 것이다. 그럼 경매를 진행하게 되고 하락장에서는 시간이 지남에 따라 담보물의 가치가 하락할 가능성이 생기는 것이다.

이런 이유 때문에 필자의 대부법인은 GPL채권의 만기를 1년으로 짧게 하고 LTV 비율도 타 대부법인보다 낮게 설정하는 것이다. 그럼에도 불구하고 투자자 입장에서는 이런 의문을 가질 수 있다. 폭락이 가속화되어 1년 만기임에도 불구하고 가치가 30~40% 빠지면 투자금을 100% 회수하지 못할 수도 있지 않으냐고 말이다. 물론 그럴 수 있다. 그리고 다행히도 이런 상황이 되어도 투자금이 손실되지 않을 수 있는 방법은 있다. 다음 챕터에서 같이 알아보도록 하자.

GPL채권의 보험
채권매입약정

앞서 우리는 아파트 가격이 이례적으로 폭락하는 시기가 되면 경매로 진행해도 투자금 회수가 어려운 것 아니냐는 질문을 이야기했다. 맞다. GPL채권 투자에서 차주가 돈을 안 갚으면 경매를 통해 담보로 설정해놓은 실물 자산을 현금화하고 투자금을 회수하는 것인데, 현금화할 때 낙찰가가 투자금보다 적게 나오면 투자금을 지킬 수 없다. 그럼 확률은 낮지만 제거할 수 없는 리스크가 존재하는 것 아니냐고 질문할 수 있다. 충분히 그럴 수 있다. 그러나 다행히도 이 또한 대비할 수 있는 방법은 있다. 그 방법은 바로 채권매입약정이다. 그럼 채권매입약정이란 무엇인지 알아보도록 하자.

필자는 대부법인 준비를 하면서 여러 가지 리스크와 기회에 대해 알아보고 공부하고 고민했다. 앞서 말한 것처럼 필자는 투자를 시작하기 전에 가능한 한 모든 리스크를 나열하고 그 리스크를 제거할 수 있을 때 투자를 진행한다. 마찬가지로 GPL채권 투자를 준비하면서도 리스크를 정리하고 관리 방안을 연구했다. 대부분의 리스크는 제거 가능하며 관리 가능한 범위에 들어왔다. 그러나 딱 한 가지 리스크가 해결되지 않아 고심하고 있었다. 바로 담보가 되는 아파트 가격의 하락이다. GPL채권 투자를 생각하는 사람들이 고민하듯 필자 또한 같은 생각을 한 것이다. 풀리지 않을 것 같던 이 고민은 의외로 너무나 쉽게 해결되었다. 문제의 해법은 바로 채권매입약정이었다.

채권매입약정이란 쉽게 말해 GPL채권의 보험 같은 것이다. '내가 갖고 있는 GPL채권이 기한이익상실(채무자가 돈 안 갚는 것) 되면 귀사에서 부실채권 사 가세요.'라는 약정을 미리 하는 것이다. 자동차 사고가 나면 미리 가입해둔 보험회사가 사고처리를 해주듯이, GPL채권이 부실(채무자가 돈 안 갚는 것) 되면 미리 약정되어 있는 회사에서 부실채권을 매입해가는 것이다. 그럼 GPL채권 투자 시 담보물 가치 하락에 대한 걱정은 사라지게 된다. 왜냐하면 경매는 담보물건을 팔아서 투자금을 회수하는 것이지만, 채권매입약정은 담보물이 아닌 채권 자체를 매각하는 것이기 때문에 담보물의 가치와는 상관이 없는 것이다. 그러니 GPL채권 투자자 입장에서는 채무자가 잘 갚으면 이자 받다가 원금 돌려받으면 되고, 채무자가 돈 안 갚으면 채권매입약정 되어 있는 회사에 채권을 매각하여 투자금과 이자를 회수하면 그만이다. 단, 모든 장점 뒤에는 단점이 숨어 있기 마련이다.

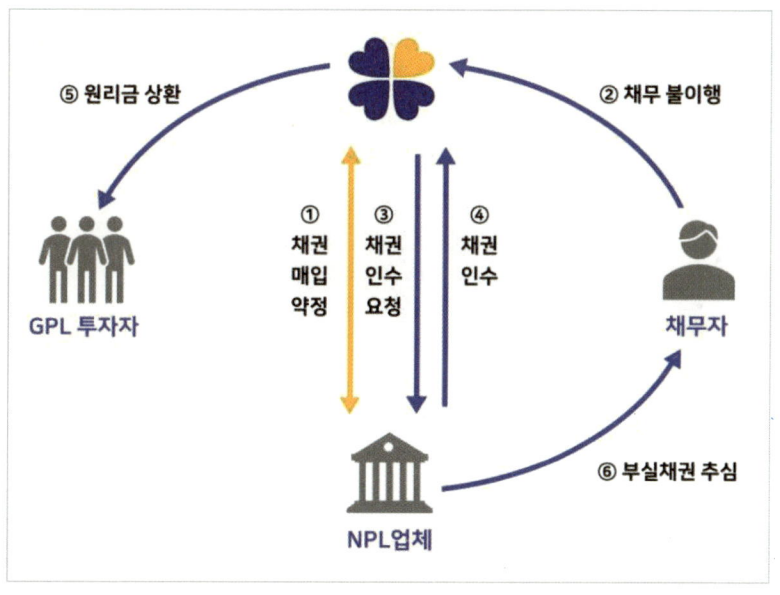

여기에는 두 가지 단점이 있다. 그리고 이 단점을 받아들일 수 있다면 채권매입약정을 하면 되고, 받아들이기 힘들다면 채권매입약정을 하지 않으면 된다.

단점의 첫 번째는 수수료이다. 채권매입약정을 하는 회사는 위험을 떠안는 대신 소정의 수수료를 받는다. 수수료는 어떤 업체와 어떤 조건으로 하는지에 따라 달라질 수 있는데 통상 GPL채권금액의 0.2~0.5% 내외라고 보면 된다. 사실 이 수수료는 단점이라고만 보기는 어렵다. 위험에 대비하기 위해 보험에 가입하는 것과 같은 이치이기 때문이다. 문제는 두 번째 단점이다. 채권매입약정을 하게 되면 GPL채권이 기한이익상실이 됐을 때 부동산 시장 좋든 안 좋든 채권을 양도해야 한다. 즉, 아파트 경매 낙찰가율이 높게 나와 연체이자까지 받을 수 있는 좋은 상황이건, 시장이 좋지 않아 투자금을 100% 회수할 수 없는 상환이건 해당 채권을 양도해야 한다는 것이다. 이는 부동산 시장 하락이라는 리스크에 대비하기 위해 NPL채권으로 추가 수익을 낼 수 있는 기회까지 양도한다는 것이다.

앞서 우리는 NPL채권 투자의 매력에 대해 알아봤다. 연 50% 이상의 수익이 가능한 투자가 바로 NPL채권 투자다. GPL채권이 부실화(채무자가 돈 안 갚아서 원리금 안 들어오는 것)되면 NPL채권이 되고, 시장에서 우량한 아파트를 담보로 한 NPL채권을 구하는 것은 굉장히 어려운 일이라고 했다. 그렇기 때문에 우량한 아파트를 담보로 한 GPL채권이 NPL채권이 되면 프리미엄을 붙여 매각할 수도 있다(찾는 사람이 많으니 비싸게 팔리는 것이다). 그리고 NPL채권을 가지고 있으면 내가 신청한 경매에 내가 입찰에 참여하여 시세보다 적은 금액으로 낙찰을 받아 소유권을 가지고 오기에도 유리한 상황이 되기도 한다. 그러나 채권매입약정이 되어 있으면 NPL채권이 되는 순간 특정 회사에게 양도해야 하기 때문에 GPL채권을 갖고 있던 입장에서는 추가 수익의 기회가 상실되는 것이다. 물론 그 반대의 경우도 있기 때문에 우리는 채권매입약정을 하는 것이다. 욕심을 가볍게 내려놓고 안정성을 최우선 생각하는 투자자라면 채권매입약정이 강력한 보호막이 되어줄 것이다.

채권매입약정 되는 명품 GPL채권

그리고 여기서 짚고 넘어갈 것이 있다. '채권매입약정은 누구나, GPL채권이면 다 가능한 것인가?'라는 것이다. 앞서 살펴본 대로 보면 GPL채권에서 가장 큰 위험을 채권매입사(채권매입약정으로 부실채권 양도받아가는 회사)가 짊어지고 수수료는 고작 0.2~0.5%밖에 받지 않는다. GPL채권 투자자 입장에서는 이 얼마나 좋은 약정인가? 여기서 생각해볼 점은 누군가에게 너무나 좋은 약정은 누군가에게는 불리한 약정일 수 있다는 것이다. 채권매입약정 계약에서는 채권매입사가 불리해 보인다. 그러나 채권매입사들이 그렇게 호락호락한 회사가 아니다. 바보가 아니고서야 당사가 손해를 볼 수 있는 불리한 계약을 할 리 만무하다. 우리가 불리한 계약을 하지 않듯, 그들도 마찬가지인 것이다.

채권매입사들은 이 분야의 깊은 내공이 있는 사람들이 모여 일하는 조직이다. 그런 그들이 그렇게 허술하게 일하지 않는다. 그들은 채권매입약정을 할 때 아무 채권이나 약정하지 않고 자신들이 원하는 특정한 조건을 제시한다. 그 조건의 주된 내용은 채권의 안정성이다. GPL채권이 부실이 되어 매입해가도 당사가 손해 보지 않을 수 있는 조건으로 채권매입약정을 맺게 되는 것이다. 예를 들면 담보물건의 소재지는 수도권만 한다든지, LTV 비율은 몇% 이내로 한다든지 등으로 안정성 확보가 가능한 상태에서만 채권매입약정을 한다. 약정을 맺고자 하는 GPL채권 투자자 입장에서 보면 치사해 보일 정도로 자신들의 안정성을 챙기는 것이다. 쉽게 말해 재산상에 불이익이 없을 채권만 매입약정을 한다는 것이다. 그리고 이는 당연한 일이다. 입장 바꿔 우리가 채권매입약정사가 된다면 손해 볼만한 채권은 거르고 최대한 보수적으로 하게 될 것이다. 그래야 하는 것이고 그게 당연한 것이다. 그들도 그렇게 하는 것뿐이다.

실제로 채권매입약정을 하게 되면 대부법인이 GPL채권 심사를 할 때 채권매입약정사가 같이 심사한다. 만일 같이 심사를 하지 않는다면 대부법인은 아무 채권이나 진행해도 상관이 없어진다. 어차피 문제가 생기면 채권매입사가 그 위험을 떠안을 것이니 말이다. 그러니 채권매입사는 당사를 보호하기 위해 GPL채권심사에 참여하고 자신들이 원하는 까다로운 조건에 부합되는지 확인한다. 그때그때마다 심사를 하여 당사 기준에 부합되지 않는 GPL채권은 매입약정을 하지 않는다. 그도 그럴 것이 허투루 심사를 했다가 당사가 큰 손해를 볼 수도 있기 때문에 보수적으로 심사를 하는 것은 너무나도 당연한 것이다. 그래서 필자의 대부법인은 채권매입약정이 가능한 조건으로 GPL채권에 투자한다. 필자의 대부법인 GPL채권이 LTV 75%와 서울 수도권 부산 지역의 우량한 아파트만을 취급하는 이유가 바로 여기에 있는 것이다. 만일 전국의 모든 아파트를 담보로 인정하고 LTV 비율도 75%를 넘기는 기준을 갖고 있다면 이자 수익은 더 높아질 수 있을지 모르지만 채권매입약정이 안 되어 부동산 시장이 하락할 때 어려움을 겪을 수도 있을 것이다. GPL채권을 접한 지 얼마 안 되어 리스크 관리에 불안함이 있다면 채권매입약정이 되어 있는 채권에만 투자하는 것이 가장 안전한 투자이니 참고하기 바란다.

자 앞서 살펴본 내용을 간단히 정리해보자. 필자가 GPL채권 투자를 알아보면서 유일하게 해결되지 않았던 리스크. 즉, '담보물의 가치가 하락하는 리스크는 어떻게 제거할 것인가?'라는 질문을 했고 그 해결책은 채권매입약정에서 찾았다. GPL채권이 NPL채권이 됐을 때 얻을 수 있는 추가 수익의 기회만 내려놓으면 GPL채권은 보험에 가입되어 있는 채권이라고 보면 되는 것이다.

권리 분석
의외로 쉽다

GPL채권의 리스크에서 두 번째는 담보물의 권리 분석이다. 채권매입약정이 되어 있지 않은 채권에 투자할 때는 권리 분석을 잘 해야 안전한 투자를 진행할 수 있다. 부동산에 관심을 많이 갖지 않았던 사람은 권리 분석 그러면 일단 어렵게 생각한다. 물론 권리 분석은 어렵다. 그러나 공장, 토지, 건물 등이 아닌 일반적인 아파트 권리 분석은 몇 가지만 이해하고 있으면 초등학생도 할 수 있을 정도로 쉬운 일이다. 권리 분석의 포인트는 담보물건을 경매로 진행했을 때 나보다 먼저 돈 받아 가는 자(개인, 회사, 기관 등)가 있는지? 그리고 그 금액은 얼마인지를 확인하는 것이다.

이는 크게 세 가지로 분류된다. 첫째는 우리보다 먼저 돈을 빌려주고 근저당권을 설정한 경우이고, 둘째는 담보물의 주인이 어딘가에 줄 돈을 주지 않아 압류가 걸려 있는 것이며, 셋째는 임차인이 들어와 있는 상태이다. 이제 이 세 가지만 잘 살펴보면 되는 것이다.

먼저 선순위 근저당이 있다면 금액이 얼마인지 보고 그 금액을 감안하며 투자를 진행하면 된다. 산수만 할 수 있으면 누구나 실수하지 않는다.

둘째로 압류가 되어 있는 경우이다. 압류가 되어 있는 것은 산수도 필요 없다. 압류가 되어 있으면 그 물건은 그냥 투자 안 하면 된다. 너무 당연한 얘기이다. 압류가 되어 있으면 경매 종료 후 배당 시 나보다 먼저 배당받아 갈 테니 당연히 투자하지 말아야 한다. 어떤 이는 이렇게 생각한다. 압류금액이 얼마 안 되면 선순위 근저당이 있어도 금액을 맞춰 진행하는 것처럼 압류도 마찬가지 개념으로 진행하면 되는 거 아니냐고? 말이다. 아니다.

압류금액을 확인하는 것도 어려울 뿐 아니라 압류금액은 근저당과 달리 금액이 늘어날 수도 있다. 투자(대출) 시점에는 금액이 얼마 안 됐어도 점점 압류금액이 늘어날 수 있다는 말이다. 그러니 압류되어 있으면 투자하지 않는 게 속 편하다. 시장에는 압류가 안 되어 있는 깨끗한 물건도 많이 있으니 말이다. 실제로 필자의 경우 대출 요청이 들어와 등기를 확인하다 보면 압류가 되어 있는 물건들이 종종 있다. 그럼 필자는 앞서 말한 것처럼 그냥 투자하지 않을 것인가? 필자는 GPL채권을 만들어 공급하는 입장이기 때문에 무조건 반려하는 것만이 능사는 아니다. 좋은 담보라면 리스크를 제거하여 대출을 진행하고(회사 자본금으로 대출 진행) 고객들이 투자해도 되는 안전한 GPL채권으로 만드는 것이 좋다. 명품 바지의 기장이 길면 안 입는 게 아니라 수선해서 입는 것과 마찬가지이다. 대출을 내보낼 때는 압류가 되어 있는 것을 압류 해제하는 조건으로 대출을 실행한다. 이는 번거로운 일이기는 하지만 위험한 것은 아니다. 압류한 자가 금융기관이라면 가상 계좌를 받아 필자가 직접 입금(채무자의 채무 상환) 하고 채권자(압류 설정한 자)에게 등기필증을 받아 압류 등기를 말소하고, 압류가 없어진 것이 확인되면 대출을 진행하고 필자의 근저당권을 설정한다. 그리고 이 모든 절차를 법무사가 꼼꼼히 진행하게 된다.

정리하자면 필자처럼 대부법인을 운영하여 직접 대출심사와 대출을 실행시키고 좋은 GPL채권을 만드는 입장이라면 압류에 대해서도 관리 방안을 가지고 있어야 한다. 그러나 GPL채권을 공급하는 자가 아니라면 압류가 되어 있는 물건은 쳐다보지 않으면 되는 것이다. 바지 기장이 길면 다른 바지 입으면 되는 것처럼 말이다.

대항력 있는 임차인

|||||||||||

    마지막으로는 대항력 있는 임차인에 대한 부분을 확인해보자. 대항력 있는 임차인이란, '채권자보다 앞선 권리를 갖고 있는 자.'라고 이해하면 된다. GPL채권 투자를 위해 담보물이 되는 물건의 등기를 보면 임차인 관련한 설정은 두 가지가 있다. 주택임차권 및 전세권이다. 주택임차권은 임대차계약이 종료됐음에도 불구하고 집주인이 보증금을 돌려주지 않아 세입자가 법원에 주택임차권등기신청을 한 것이다. 이는 경매 시 선순위 근저당과 같이 후순위 채권자보다 앞서 배당을 받게 된다. 전세권은 말 그대로 전세보증금이 있음을 말하는 것이다. 아마도 GPL채권 투자를 하면서 전세권이 설정되어 있는 등기부등본을 보는 일은 없을 것이다. 왜냐하면 전세입자는 전입신고와 확정일자만 받아두어도 보증금을 지킬 수 있기 때문이다. 물론 전세입자는 등기에 전세권 설정을 할 수도 있다. 그러나 전세권은 확정일자와 달리 전세권 설정 비용이 발생한다. 보증금을 지키는 목적은 같은데 굳이 비용을 들여 전세권을 설정하는 사람은 사실상 없다고 볼 수 있다. 세입자의 특별한 사정이 있는 경우가 아니면 전입신고와 확정일자로 전세권을 대신하는 경우가 많다.

[주택임차권등기]

| 주택임차권 | 2019년2월12일 제23230호 | 2019년1월28일 서울남부지방법원의 임차권등기명령 (2019카임10016) | 임차보증금 금185,000,000원
차 임 없음
범 위 건물 전부
임대차계약일자 2017년1월21일
주민등록일자 2017년1월23일
점유개시일자 2017년1월21일
확정일자 2017년1월23일
임차권자
서울 |

[전세권설정등기]

| 전세권설정 | 2016년2월26일 제14441호 | 2015년11월17일 설정계약 | 전세금 금50,000,000원
범 위 건물전부
존속기간 2015년11월17일부터 2025년11월16일까지
전세권자
서울
205 |

자 이제 이 두 가지가 등기에서 확인됐을 때 GPL채권 투자자 입장에서 어떤 점을 주의해야 하는지 알아보자. 주택임차권과 전세권은 간단하다. 이 두 가지는 금액이 명시되어 있기 때문에 선순위 근저당으로 생각하고 산수를 통해 투자금을 산정하여 진행하면 된다. 만일 10억 원짜리 아파트에 4억 원의 전세권이 설정되어 있다면 LTV 75% 기준으로 3.5억 원까지만 투자하면 되는 것이다. 그러니 주택임차권과 전세권은 산수만 하면 누구나 쉽게 안정성을 확보할 수 있다. 우리가 주의할 것은 등기에 표시되지 않

는 임차인 바로 확정일자를 받은 세입자이다. 세입자가 보증금을 보호하기 위하여 가장 많이 활용하는 것이 확정일자이다. 전세권은 비용이 드는 반면 확정일자는 거의 무료에 가깝다고 볼 수 있기 때문에 대부분의 세입자들은 확정일자를 통해 보증금을 보호하게 된다. 그리고 이 확정일자는 등기부등본에 표시되지 않는다. 그렇기 때문에 등기에 주택임차권 및 전세권이 없는 것을 보고 세입자가 없다고 판단하여 투자하면 안 되는 것이다.

그럼 투자자 입장에서 확정일자를 확인할 수 없는데 어떻게 투자 의사결정을 할 수 있을까? GPL채권 투자자라면 등기부등본을 확인하면서 필수적으로 확인해야 하는 서류가 있다. 바로 전입세대 열람원이다. 전입세대 열람원에는 세입자를 확인할 수 있는 내용이 들어가 있다. 만일 해당 물건의 전입세대 열람원에서 세입자가 있는 게 확인된다면 그다음 확인할 서류는 전, 월세 계약서이다. 왜냐하면 그림에서 보듯이 전입세대 열람원에는 세입자의 전입 유무만을 확인할 수 있고 보증금의 규모는 확인할 수 없다. 그렇기 때문에 전, 월세 계약서를 통해 집주인이 얼마의 전, 월세보증금을 받았는지 확인하여야 한다.

[전입세대 열람원]

```
                    전입세대 열람 내역(동거인포함)
행정기관 : 경기도 수원시 권선구 호매실동                    출력일시 :  2022년 6월 29일 10:10:51
신청주소 : 경기도 수원시 권선구 호매실s        301동 1704호 (호매실동, 호매실마을13단지)   출 력 자 :            박시현
                                                                         매 이 지 :                    1
      세대주성명     전입일자   등록구분   최초전입자   전입일자   등록구분  동거인                동거인사항
 순                                                               수     순번   성명   전입일자   등록구분
 번                                주소
  1  이      (윷) 2015-03-17 거주자   이 주호  2015-03-17  거주자
     경기도 수원시 권선구 호매실로218
                                                                                       - 이하여백 -
```

    이 부분의 확인이 중요한 이유는 집주인이 전, 월세 계약 만료 시 임차인에게 전세보증금을 돌려주지 않으면 임차인은 주택보증금반환청구소송을 진행하게 되고 경매로 넘어갈 수 있기 때문이다. 경매로 진행됐을 때 우리의 근저당권 설정일이 확정일자보다 늦은 경우라면 전, 월세입자가 우선하여 배당금을 받아가고 남은 금액을 근저당권자인 우리에게 배당을 해주기 때문이다. 따라서 전월세 보증금 확인을 위해 부동산 계약서를 확인하는 것은 필수적인 요소이다. 또한 전세 계약서를 확인할 때는 공인중개사의 직인이 들어간 서류만 인정해야 한다. 임차인과 임대인끼리 작성한 계약서는 신뢰할 수 없기 때문이다.

    전입세대 열람원과 전월세 계약서는 보증금의 규모를 확인하기 위한 중요한 서류이기도 하면서 또 하나의 큰 역할을 하게 된다. 바로 차주가 보증금을 속이는 것을 방지하는 것이다. 실제로 이

런 상황이 있었다. 시세 10억 원 아파트에 3억 원의 전세 계약이 되어 있는 물건이었다. 그럼 얼마의 추가 대출이 가능한가? LTV 75% 기준으로 4.5억 원이다. 만일 이때 전입세대 열람원을 확인하지 않았더라면 필자는 큰 손해를 입을 뻔했다. 내용은 이랬다.

3억 원에 전세로 들어와 있는 세입자가 전세 계약이 종료되기 전 이사를 가야 해서 전세금을 빼달라고 한 것이다. 집주인은 새로운 세입자를 맞춰서 전세금을 빼주어야 했다. 그리고 이 시기에 전세가가 많이 올라 5억 원에 새로운 세입자를 받게 되었다. 이런 상황에서 집주인은 필자의 대부법인에 대출을 받으러 왔다. 필자는 전세 계약서를 확인해 보니 임대차계약도 문제없었고 전세보증금은 3억 원이었다. 어? 이상하지 않은가? 새로 계약한 전세 계약은 5억 원인데 왜 전세 계약서에는 3억 원으로 되어 있을까? 알고 봤더니 이전 세입자의 전세 계약서를 가지고 왔던 것이다. 대출 요청 시점이 이전 세입자(3억 전세보증금)의 전세 기간이 종료되기 전이라 임대차 계약서상으로는 문제가 없는 상태로 보였고 전세보증금도 3억 원이라 적혀 있고 공인중개사의 도장이 찍혀 있어 믿을 수밖에 없는 상황이었다.

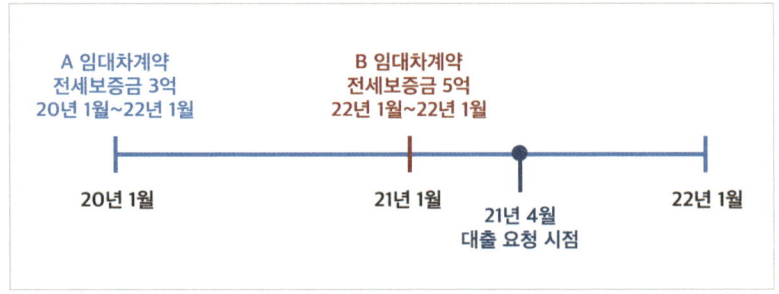

이때까지만 해도 필자는 집주인이 대출사기를 치는지 몰랐다. 여기서 필자를 보호해준 것은 전입세대 열람원이었다. 전입세대 열람원은 실제 거주하고 있는 사람을 확인할 수 있다. 전입세대 열람원을 확인해 보니 부동산 계약서의 세입자와 전입세대 열람원상의 세입자가 다른 것이었다. 해당 물건에는 필자에게 보여준 보증금 3억 원의 전세 계약이 아닌 다른 임대차계약이 되어 있다는 것이다. 집주인은 보증금이 3억 원인 것처럼 꾸며 필자를 속이고 대출을 받으려고 했던 것이다. 얼굴이 화끈 달아오르며 안도의 한숨을 쉬었다. 필자는 집주인에게 조용히 말했다. 대출 안 된다고. 만일 필자가 전입세대 열람원을 확인하지 않았더라면 눈 뜨고 코 베일뻔한 것이다.

선순위 근저당보다 무서운 세금체납&임금체불

|||||||||||||

　이 외에도 등기에 보이지는 않지만 근저당권에 앞서는 항목들이 있다. 국세 및 지방세, 임금체불이다. 내야 할 세금을 내지 않았다면 납세자의 재산에 압류가 된다. 그러나 우리가 대출을 내보내는 시점에는 압류가 잡혀 있지 않을 수 있다. 세금체납은 했지만 아직 압류는 안 되어 있는 상태. 이때는 등기부등본을 확인해도 압류가 되어 있지 않으니 체납 내역이 있는지 없는지 알 수가 없다. 이런 경우 대출을 실행하고 근저당권을 설정하여도 뒤에 생긴 압류가 근저당권보다 우선 배당에 해당한다. 이는 압류 시점이 중요한 게 아니라 미납 시점을 보기 때문이다. 그러니 대출을 내보내기 전에는 국세 및 지방세 완납증명서를 꼭 확인해야 한다.

[국세 완납증명서]

[지방세 완납증명서]

그다음은 임금체불이다. 만일 차주가 사업하는 사람이라면 직원이 있을 것이고, 그 직원들에게 임금체불 내역이 있다면 근저당권보다 우선하여 배당을 받게 된다. 이런 경우는 어떻게 리스크를 제거할 수 있을까? 방법은 간단하다. 임금체불유무 확인서를 받는 것이다. 그러나 이건 얼마든지 거짓으로 작성 가능하다. 물론 거짓으로 작성하면 형사 처분대상이 되기 때문에 거짓으로 작성하기는 쉽지 않지만, 상황이 급하고 발등이 불이 떨어져 앞뒤 안 가리는 사람이라면 얼마든지 의도를 갖고 속일 수 있다. 그래서 추가로 확인하는 서류가 바로 건강보험 납부 내역서이다. 급여를 잘 지급했다면 건강보험료도 납부되어 있을 확률이 매우 높다. 건강보험료 납부 내역서는 공단에서 발행하는 것이기 때문에 조작하는 게 쉽지 않다. 그러나 이것도 100% 믿을 수는 없다. 급여는 지급하지 않고 건강보험료만 납부할 수도 있기 때문이다.

[건강보험 완납증명서]

그럼 어떻게 리스크를 제거할 수 있을까? 방법은 간단하다. 인건비를 많이 내는 회사의 대표자가 대출 신청을 하면 대출을 안

해주면 된다. 그럼 모든 게 해결된다. 없어지지 않는 리스크를 굳이 해결하려고 노력할 필요는 없다. 대출해줄 만한 물건 확보에 어려움을 느끼는 대부법인은 어떻게 해서든 해결해서 대출을 내보내려고 할 것이다. 그러나 필자의 생각은 다르다. 제거하기 힘든 리스크를 제거하려고 쓸데없이 노력하는 시간에 물건 확보를 위한 노력을 하자는 주의이다. 대출 신청이 들어왔다고 하여 대출을 다 해줘야 되는 건 아니지 않은가? 우리는 안정적으로 회수가 가능한 물건과 차주에게만 대출을 해주면 된다.

인건비가 적게 나가는 대표자가 대출을 신청하면 대출을 해주어도 괜찮다. 왜냐하면 임금체불이 있다 하더라도 최대 3개월 치 임금만 근저당권에 우선하기 때문이다. 그래서 필자는 인건비를 지급하는 대표자가 오면 임금체불 유무 확인서 및 건강보험 납부 내역서 그리고 인건비 신고 내역을 확인한다. 그럼 3개월 치 급여를 계산할 수 있고 그만큼을 대출한도에서 제외한다. 10억짜리 담보에 7.5억의 대출을 내보내려고 했는데 매월 인건비가 2,000만 원이라면 3개월 치인 6,000만 원을 제외하고 6.9억만 대출을 진행한다. 채무자는 여러 가지 서류를 준비하느라 번거로울 수 있지만 어쩔 수 없다. 필자는 대출을 내보낼 때 채무자가 돈을 안 갚을 것이라는 가정을 하기 때문에 안정성을 확보를 위해 꼭 해야 하는 일을 하는 것이다.

6

GPL채권 투자의 꽃
1인 대부법인

대부법인은 좋은 것이다

대부법인이라는 단어를 들으면 머릿속에 떠오르는 이미지가 있다. 사채, 깡패, 남의 등골 빼 먹는 나쁜 놈들 등과 같은 부정적인 이미지이다. 필자도 이 부분은 충분히 동의한다. 처음 대부법인을 설립했을 때가 떠오른다. 필자의 가족들은 아들이 그리고 남편이 대부법인을 운영하여 돈을 번다고 하니 화들짝 놀라며 '네가 어떻게 그런 일을 해.'라는 반응을 보였다. 필자의 가족들도 세금 내고 보험 가입하고 아이 키우며 사는 보통의 사람들이고 보통 사람답게 일반적인 인식이 있던 것이다. 이런 인식이 생긴 데에는 미디어의 영향이 컸을 것이다. 미디어에 나오는 대부법인의 모습은 어떤가? 경제적으로 취약한 상황에 놓인 사람들이 어쩔 수 없이 돈을 빌리기 위해 찾는 곳이며, 대부법인은 그런 취약한 환경에 놓여 있는 사람들을 이용하고, 그들을 인간 이하로 취급하며 악랄하게 돈을 뜯어가는 모습으로 묘사된다. 대부법인이 누군가에게 유익을 제공하는 그림을 우리는 보지 못했다. 그러다 보니 자연스럽게 우리는 대부법인에 대한 불편한 인식을 갖게 되었다.

물론 일부 대부법인들은 미디어에 나오는 것처럼 아니 그 이상으로 불편하고 부정적인 모습을 갖추고 있을 수도 있다. 그럼 실제 대부법인의 사람들은 어떤 사람들일까? 필자가 아는 한 그들도 여느 사람들과 마찬가지로 최선을 다해 경제활동을 하고 가족을 부양하기 위해 밤낮 가리지 않고 열심히 일하는 사람들이다. 또한 불법적인 요소를 무서워하는 평범한 시민이며, 자식 걱정에 밤잠 못 이루고 좋은 부모가 되기 위해 노력하는 사람들이다. 필자도 마찬가지다. 필자도 대부법인을 운영하는 사람이다. 고객들은 상담 시 이런 말을 한다. "대부법인 운영하는 사람 같지 않아요."라고 말이다. 그럼 필자는 이렇게 얘기한다. 대부법인 운영하는 대부분의 사람들이 나와 같다고 말이다.

택시 기사라고 다 난폭운전을 하는 것은 아니다. 일부가 일반화되어 우리의 인식을 잠식하는 건 무서운 일이다. 대부분의 택시 기사님들이 얼마나 억울하겠는가. 대부법인에 대한 불편한 생각은 고이고이 접어 깊은 서랍 속에 넣어두어도 된다. 대부법인은 그냥 하나의 회사이며 좀 다른 점이 있다면 자본소득을 매출로 일으키는 회사인 것이다.

돈이 돈을 버는
대부법인

돈을 버는 방식은 크게 두 가지로 분류해볼 수 있다. 근로를 제공하고 돈을 버는 근로소득과 돈이 돈을 버는 자본소득이 있다. 코로나 이후 동학 개미 운동 열풍이 불면서 많은 사람들이 자본소득에 대한 경험을 하게 되었다. 돈을 벌기 위해서는 일터에 나가 열심히 일해야 한다.라는 인식이 있었는데 이제는 내 돈이 일을 해서 돈을 벌어올 수 있다는 것을 경험된 것이다. 또한 근로소득만 가지고는 인생에 필요한 경제적 이슈들을 해결할 수 없다는 인식과 함께 근로소득과 자본소득은 함께 있어야 한다는 생각을 많이들 하고 있다. 마치 왼팔 오른팔처럼 말이다.

우리는 근로소득을 얻기 위해 직업이라는 것을 갖는다. 그리고 우리가 어떤 일을 하고 돈을 버는지에 따라 우리의 직업이 결정된다. 야구를 하고 돈을 받으면 야구선수가 직업이고, 회사에 근로를 제공하고 돈을 받으면 회사원이고, 학생들을 가르치고 돈을 받으면 선생님이 직업이며, 투자를 통해 돈을 버는 사람은 전업투자자이다. 사람에게도 직업이 있듯 법인에게도 직업이 있다. 법인의 직업은 업종이라고 부른다. 건설을 하고 돈을 벌면 건설업이고, 서비스를 제공하고 돈을 벌면 서비스업이고, 광고를 대행해주고 돈을 벌면 광고업이 그 법인의 직업인 것이다. 대부업은 돈을 빌려주고 이자를 받는 법인을 말한다. 즉, 돈으로 돈을 버는 회사가 바로 대부법인인 것이다. 자본소득에 집중되어 있는 것이다.

자본소득에 집중되어 있다는 것은 특별히 시간을 할애하고 힘든 노동을 제공하지 않아도 돈을 번다는 얘기인 것이다. 이 점이 은퇴를 맞이한 사람들에게 매력적으로 다가간다. 은퇴했으니 이제는 좀 쉬엄쉬엄 가자라는 마음을 가졌는데 또 돈을 벌기 위해 노동 시장으로 뛰어드는 것을 달가워하는 사람은 없을 것이다. 일을 하더라도 돈을 벌기 위해서가 아닌 자신의 뜻에 따라 자아 성취를 위해 일하고 싶지, 먹고살 것을 해결하기 위해 어쩔 수 없이 노동 시장으로 뛰어드는 것은 누구도 원하지 않을 것이다.

대부법인으로
절세효과를 극대화시키기

모든 소득에는 세금이 있다. 그리고 우리는 그 세금을 최대한 적게 내고 싶다. 경제적 유익을 얻기 위해 돈을 버는 것도 중요하지만 세금을 줄이는 것도 굉장히 중요하다. 필자는 최고의 재테크 중 하나가 절세라고도 이야기한다. 재테크 방법을 제대로 이해하고 투자해야 돈을 벌 수 있듯, 세금이 어떻게 적용되는지 이해하고 그에 맞추어 자산 집행을 해야 나갈 돈은 줄어들고 남는 돈은 많아진다. 마치 요리법을 잘 아는 사람이 재료를 낭비하지 않는 것과 마찬가지이다. 부동산 투자를 할 때도 법인으로 하는 경우가 많이 있다. 이유는 간단하다. 바로 세금이다. 무조건 법인이

유리한 건 아니지만 법인으로 유리한 경우가 분명히 있다는 것이며 GPL채권 투자를 할 때에도 개인으로 할 때와 법인으로 할 때에 큰 차이를 보인다. 개인과 법인의 가장 큰 차이점은 세율이다. 이자소득세 27.5%와 법인세 11%(2억 이하)라는 두 배 이상의 차이를 보인다. 직관적으로 이해할 수 있도록 예시를 들어보자.

여기 GPL채권에 5억 원을 투자하는 2명의 은퇴자가 있다. 법인은 모르겠고 복잡한 거 딱 싫어하는 나개인 씨는 개인 명의로 GPL채권에 투자하였고, 처음 준비할 때가 번거롭지 한번 해놓고 나면 훨씬 득이 된다는 생각을 갖고 법인 명의로 투자하는 나법인 씨가 있다.

나개인 씨는 세금을 제외하고 매월 242만 원의 이자소득이 들어온다. 현역에 있을 때보다야 적긴 하지만 딱히 큰돈 쓸 데가 없는 은퇴생활에 242만 원은 적은 돈이 아니다. 그동안 저축과 부동산 투자를 잘해온 덕에 목돈이 만들어져 있었고 그 돈이 일을 하여 자본소득이 들어오게 되었다. 딱히 신경 쓸 것도 없고 매월 따박따박 들어오니 이처럼 살맛 나는 것도 없다. 이 순간을 위해 그동안 열심히 살아왔구나 싶고 지난 시간 노력한 자신이 대견하고 고맙기도 하다. 그러나 한 가지 눈에 걸리는 게 있다.

바로 건강보험료이다. 나개인 씨는 2주택자이고 1채는 실거주 1채는 전세를 준 상태이다. 2개 주택의 시세는 20억 원이다. 나개인 씨는 지역가입자이다 보니 소득은 물론이고 재산까지 점수화하여 건강보험료가 부과된다. 나개인 씨가 매월 납부하는 건강보험료는 52만 원이다. 국민연금을 포함하여 월 300만 원 정도의 소득이 들어오는 은퇴자가 월 52만 원을 살아 있는 동안 계속해서 납부해야 한다는 것은 상당한 부담으로 다가온다. 직장 생활을 할 때는 급여에서 알아서 원천징수되고 건강보험료의 50%는 회사가 부담해주니 금액적으로 큰 부담이 없었다. 그러다 보니 자연스럽게 건강보험료에는 신경 쓴 적이 없었다. 은퇴생활을 계획하면서 이 점은 미처 생각하지 못했던 부분이고 이미 고지서가 날라온 상태이다. 어떻게든 건강보험료를 줄이기 위해 사방팔방으로 알아보지만 딱히 방도가 없다. 소득과 재산에 비례하여 부과되다 보니 건강보험료를 줄이려면 소득과 재산을 줄여야 하는데 이건 옳은 방법이 아니다. 그러니 매월 300만 원의 소득이 들어오면 울며 겨자 먹기로 월 52만 원을 따박따박 납부하는 꼴이 되어버렸다.

자 이제 나법인 씨를 만나보자. 나법인 씨는 개인보다는 법인이 여러모로 유리할 것이라 판단하여 대부법인을 설립하고 GPL채권 투자를 시작하기로 했다. 평생직장 생활만 해왔던 터라 법인설립에는 문외한이었다. 그래서 대부법인 컨설팅을 도와주는 회사에 찾아가 상담을 받았다. 그랬더니 다음과 같은 안내서를 준다.

[대부법인설립절차 안내서]

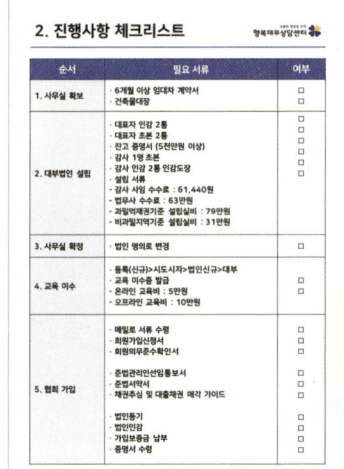

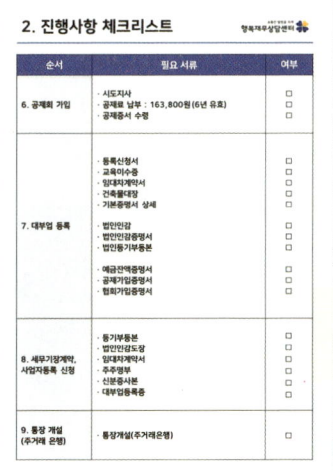

6. GPL채권 투자의 꽃 1인 대부법인

생소한 용어와 절차 등이 있어 처음에는 좀 어려워 보였는데 막상 하나하나 진행하니 딱히 어려울 건 없었다. 정해진 절차대로 차근차근 실행하면 그만이었다. 그리고 한번 설립을 하고 나니 개인일 때처럼 딱히 신경 쓸 것은 없었다. 법인설립이 끝나고 GPL채권에 투자했다. 그리고 첫 이자를 받는 순간 '아~ 법인으로 하기를 잘했다.'라는 생각이 절로 든다. 전세금으로 받은 5억 원을 투자했더니 333만 원의 이자가 들어왔고 이 이자는 매월 들어올 것이기 때문이다. 법인설립에 약간의 노력이 들어가긴 했지만 작은 노력에 대비해 만족스러운 결과인 것이다.

더욱이 건강보험료로부터 자유로워졌다. 나법인 씨도 나개인 씨와 마찬가지로 지역가입자로 월 52만 원 수준의 건강보험료를 납부해야 할 상황인데 법인을 설립하고 급여를 받다 보니 직장가입자가 되었다. 급여 또한 너무 과하지 않게 200만 원으로 책정했더니 건강보험료로 빠지는 금액이 16만 원 정도 수준이었다. 그리고 이렇게 건강보험료로 빠져나간 금액은 법인의 비용으로 인정되어 법인세 절감에도 효과가 있었다. 또한 급여소득자이기에 연말 정산을 하다 보니 세금 환급도 되어 사실상 근로소득세를 납부하는 게 거의 없었다. 이뿐인가? 법인은 법인카드라는 게 있지 않은가? 직장 생활 할 때 법인카드 있는 친구들이 너무나 부러웠는데 이제 나법인 씨도 법인카드가 생긴 것이다. 법인카드 사용액 중 상당 부분은 비용으로 인정되어 이 또한 법인세 절감에 한몫을 하게 되었다. 사실상 법인세로 납부할 금액이 없다시피 했다.

물론 법인을 운영하다 보니 고정적으로 나가는 비용이 있었다. 세무기장료 10만 원과 대부협회비 5만 원 그리고 사무실 임차료 30만 원(물건에 따라 상이). 매월 45만 원의 비용이 발생하지만 개인으로 했을 때보다는 훨씬 이득이 되는 셈이었다. 그리고 대부법인 등록을 위해 임차한 사무실을 개인 아지트처럼 꾸며 또 하나의 놀이터가 되었다. 여기에 은퇴한 친구들이 모여 바둑도 두고 맥주 한 잔 마시고 때로는 혼자 조용히 영화 감상을 하는 취미공간으로 사용하다 보니 임차료 30만 원이 마냥 비용으로만 나가는 아까운 돈으로 느껴지지도 않았다.

사례로 개인 명의 투자와 법인 명의 투자를 알아봤다. 어떤가? 나개인 씨와 나법인 씨 중 누가 더 노후생활의 만족도가 높을 것이라 생각되는가? 당연히 나법인 씨의 은퇴생활이 만족스러울 것이다. 아래 표에서 보는 것처럼 매월 현금흐름이 43%나 차이가 나며, 금액으로는 82만 원이라는 큰 차이를 보인다. 10만 원어치 소고기를 여덟 번이나 더 먹을 수 있는 금액이고, 어린이날과 크리스마스에 손주들에게 통 크게 선물할 수 있는 여력을 제공한다. 우리가 돈 때문에 행복한 것은 아니지만, 돈이 많아질수록 불편함은 줄어들고 선택권을 늘어난다는 점을 무시할 순 없다.

나 개인	나 법인
월 세전 이자소득 333만 원	월 세전 이자소득 333만 원
세금 91만 원	법인운영비 45만 원
건강보험료 52만 원	건강보험료 16만 원
실질 월 소득 190만 원	실질 월 소득 272만 원

대부법인 운영에 들어가는 고정 비용

 앞에서 다룬 사례만 보면 법인 투자가 유리할 것이라 생각할 것이다. 그러나 세상 모든 일에는 장단점이 있듯이 개인과 법인의 유불리도 상황에 따라 달라질 수 있다. 법인에 들어가는 비용과 개인이 부담하고 있는 건강보험료 여부에 따라 달라지기 때문이다. 이번 챕터에서는 법인을 운영하는 데 들어가는 실제 비용이 어떻게 되는지, 그리고 비용을 줄이는 방법은 어떻게 되는지 확인해보도록 하자.

 대부법인설립부터 운영까지의 모든 단계를 보면 일회성으로 들어가는 비용과 연간으로 발생하는 비용 그리고 매월 발생하는 비용 세 가지로 나뉘어진다. 우선 일회성으로 들어가는 비용을 살펴보도록 하자.

3. 법인 운영 비용

구분	항목	금액
일회성 비용	법인설립비용 (과밀억제권역 여부)	100~148만
	대부협회 가입비 (최초1회)	50만
	합계금액	**150~198만**
연간비용	대부업 교육비 (150,000원/3년 유효)	5만
	공제가입비 (163,800원/6년 유효)	27,300원
	법인결산비용 (투자금액별 상이)	30만 (1.5억 기준)
	법인세 (당기순이익에 따라 상이, 과표 2억 이하 11%)	50만 (5억 미만)
	합계금액	**88만**
월간비용	세무 기장료	10만
	협회비	5만
	사무실임차료 (물건에 따라 상이)	40만
	건강보험료 (급여에 따라 상이)	157,000원 (월 200만원 기준)
	합계금액	**71만**

일회성 비용

일회성 비용의 첫 번째는 바로 법인설립비용이다. 설립 단계에서 법무사 대행료를 포함한 금액이 100~150만 원 정도의 비용이 발생하는데 이는 법인 소재지가 수도권 과밀억제권역 내에 포함되느냐 포함되지 않느냐에 따라 달라진다. 쉽게 말해 사람과 회사가 많은 서울과 수도권 일부 지역은 150만 원이라고 보면 되고 상대적으로 여유로운 지역은 100만 원이라고 생각해도 무방하다. 정확하게 과밀억제권역으로 지정된 곳은 서울특별시, 인천광역시(강화군 등 일부 제외), 의정부시, 구리시, 남양주시(호평동 등 일부만 해당), 하남시, 고양시, 수원시, 성남시, 안양시, 부천시, 광명시, 과천시, 의왕시, 군포시, 시흥시(반월특수 지역은 제외)가 지정되어 있다.

일회성으로 들어가는 비용 중 두 번째는 협회 가입비이다. 대부업을 영위하기 위해서는 한국대부금융 협회에 의무적으로 가입하여야 한다. 이때 가입비는 50만 원이며, 이후에는 월간 회비 5만 원을 납부해야 한다.

연간비용

일회성 비용은 이렇게 두 가지가 있고 이제 연간으로 발생하는 비용을 알아보자.

첫 번째로는 대부업 교육비 15만 원이 있다. 대부법인을 설립하기 위해서는 교육 이수를 해야 하며 3년간 유효하다. 따라서 교육비는 연간 5만 원이라고 보면 된다.

둘째로는 공제 가입비가 있고 비용은 163,800원이다. 공제는 6년간 유효하다. 따라서 연간으로는 27,300원이 된다.

셋째는 법인 결산 비용이다. 1년에 한 번 법인 결산이라는 걸 하는데 개인으로 치면 종합소득세 신고라고 봐도 된다. 법인 결산 비용은 운영되고 있는 금액에 따라 다른데 1.5억 원 투자한다는 기준으로 30만 원, 5억 투자하면 150만 원 정도의 비용이 발생한다. 이는 세무사무실마다 비용이 다르고 협의하기에 따라 달라지는 금액이다. 마지막으로 법인세가 있다. 1년간 벌어들인 돈에서 비용과 각종 공제를 적용하여 과세표준을 구하고 거기에 세율을 적용하여 세금을 내는 것이다. 개인으로 보면 연말 정산에 해당한다고 이해하면 될 것이다.

법인세율은 과세표준 2억 이하 11%, 2억 초과 22%이다. 법인세는 해당 법인에 이익이 얼마나 되느냐에 따라 달라질 것이다. 우리는 일반적인 법인이 아니라 1인 대부법인을 기준으로 얘기하고 있다. 우리가 하는 1인 대부법인은 GPL투자로 받은 이자 매출에서 급여와 법인카드 사용액 그리고 임차료 등의 비용을 제외한 금액이 이익이 되기 때문에 사실상 법인에는 이익이 거의 남지 않는 구조가 될 것이며 그로 인해 법인세 또한 굉장히 적게 나오게 된다. 실제로 대부법인 컨설팅을 할 때 투자금액과 매출 등을 사전에 계획하여 법인에 돈이 남지 않는 구조를 만들고 그로 인해 법인세를 안내는 경우도 있다.

연간비용을 정리해보면 대부업 교육비 연간비용 5만 원, 공제 가입비 연간비용 27,300원, 법인 결산 비용 약 30만 원(가정), 법인세 50만 원(가정)이다. 연간 발생되는 총비용은 877,300원이 발생되고 이를 월간으로 계산해보면 약 73,108원이 된다.

월간 비용

자 이제 매월 들어가는 그리고 가장 큰 비용이 들어가는 월간 비용을 확인해보자.

월간 비용 중 첫 번째로는 세무기장료가 있다. 법인은 세무대리인을 통해 세무 신고를 해야 한다. 물론 본인이 세무와 회계에 능통하여 직접 할 수 있다면야 세무대리인에게 맡기지 않아도 된다. 그러나 필자는 세무사에게 맡기기를 권한다. GPL채권 투자를 하는 가장 큰 이유는 신경 쓰지 않아도 매월 소득이 발생하는 구조를 만드는 것이다. 그런데 비용을 아끼고자 본인의 시간을 들여 공부하고 직접 세무기장을 하다 보면 신경 쓸 것도 많고 실수라도 하게 되면 배보다 배꼽이 더 커지는 경우가 발생할 수 있기 때문이다. 또한 세무기장을 맡기면 기장뿐만 아니라 세무적인 조언도 함께 받을 수 있기 때문에 법인 운영 및 관리에 더욱 도움이 된다.

월간 비용의 두 번째는 협회비 5만 원이 있고,
세 번째로는 월간 비용 중 가장 큰 부분을 차지하는 사무실 임차료이다. 어떤 사무실을 임차하느냐에 따라 그 비용은 천차만별이 된다. 대부법인을 운영하면서 비용을 가장 적게 하고 싶다면 사무실 임차료를 줄이는 게 관건이다. 사무실 임차료를 가장 적게 내는 방법은 전대차 계약을 하는 것이다. 지인 또는 관계성 있는 사람이 임차 또는 소유하여 사용하고 있는 사무실에 독립적인 공간을 확보하는 전대차 계약이 가능하다면 무상 전대차 계약도 사무실로 인정받을 수 있다. 실제 고객의 사례를 보면 지인이 대부법인 운영을 위해 임차한 사무실에 전대차 계약을 하고 사무실 비용을 반반씩 부담하였다. 그럼 원래 들어가는 사무실 비용의 절반이 줄어들게 되는 것이다. 그러니 새로운 사무실을 임차하기 전에 전대차가 가능한 여건이 되는지 파악해보는 것도 좋은 방법이 된다. 또한 본인이 대부법인을 설립한 뒤 지인 또는 가족이 대부법인설립이 계획되어 있다면 애초에 전대가 가능한 사무실을 임차해놓아야 전대차 계약을 할 수 있으니 이 부분도 염두에 두고 사무실을 임차하면 비용을 줄이는 데에 도움이 될 것이다.

대부법인 대표자 4대 보험

|||||||||||||

　마지막으로 매월 발생하는 비용은 대표자의 건강보험료이다.

　직장가입자의 건강보험료는 근로자와 법인이 각각 50%씩 부담하게 되어 있다. 대표자도 직장가입자가 되면 법인이 50%의 건강보험료를 부담하게 된다. 건강보험료는 급여의 6.99%이고 이중 절반인 3.495%를 법인이 부담하게 된다. 만일 대표자의 급여를 200만 원으로 책정하게 되면 대표자의 총 건강보험료는 139,800원이 되며 이중 법인이 부담하는 건강보험료는 69,900원이 된다. 여기에 장기 요양 보험료 12.27%를(법인이 부담하는 건강보험료의 12.27%) 감안하면 78,476원이 된다. 건강보험료를 적게 내고 싶으면 급여를 20만 원으로 책정하면 된다. 그럼 최저 보험료를 적용받게 되고 19,500원의 건강보험료가 부과된다. 그러나 우리의 목적은 건강보험료를 줄이는 것만이 아니지 않은가. 우리의 목적은 크게 신경 쓰지 않아도 안정적인 현금흐름이 발생되도록 하는 것이니 건강보험료만을 보기보다는 여러 가지 사항을 고려하여 급여를 책정하기 바란다.

　건강보험료를 알아봤는데 그럼 4대 보험 중 건강보험을 제외한 국민연금, 산재보험, 고용보험은 어떻게 될까? 4대 보험을 적용받는 근로자는 급여에서 4대 보험을 원천징수하고 급여를 받게 된다. 그럼 1인 대부법인의 대표자도 건강보험을 포함한 4대 보험을 원천징수하여야 하는 것일까? 건강보험은 원천징수하지만 나머지 세 가지의 보험은 그렇지 않다. 산재보험과 고용보험은 법인의 대표자가 아닌 법인에 고용된 근로자를 위한 제도이기 때문에 대표자는 적용되지 않는다. 따라서 대표자만 있는 1인 대부법인이라면 산재보험과 고용보험료는 납부하지 않는다.

이와 달리 국민연금은 두 가지 경우로 나뉘게 된다. 국민연금을 수령하는 중이라면 국민연금을 추가로 납부하지 않고 수령 중인 연금을 계속해서 수령하면 된다. 다만 이때 연금 이외의 소득 금액이 268만 원이 초과되면 국민연금의 일부가 감액될 수 있으니 급여 책정 시 참고하도록 하자. 여기서 말하는 소득 금액은 세전 소득에서 근로소득을 공제한 금액을 말한다. 그럼 세전 근로소득으로 환산하면 얼마일까? 월 급여로는 월 367만 원이 되고 연봉으로는 4,400만 원 정도가 된다. 다시 돌아가서 국민연금 납부에 대한 내용을 보면 국민연금 수급 중이 아니라면 급여의 9%를 국민연금으로 납부하게 된다. 이중 50%인 4.5%를 법인이 대표자를 대신하여 납부하게 된다. 정리해보면 국민연금 수령 중이라면 추가로 납부하지 않고 수령 중이 아니라면 대표자 소득의 4.5%를 법인이 국민연금으로 부담하게 되는 것이다. 대부법인을 진행할 때 급여가 건강보험과 국민연금에 미치는 영향을 생각해보면 급여를 결정하는 것이 얼마나 중요한 것인지 알게 된다. 그러니 1인 대부법인을 준비할 때는 컨설팅 전문가와 세무사를 통해 꼼꼼히 알아보고 계획하여야 더욱 만족스러운 GPL채권 투자가 될 것이다.

GPL채권 투자도

GPL채권으로
부자 될 수 없다

GPL채권 투자의 핵심은 특별히 신경 쓰지 않아도 매월 이자수입이 들어온다는 것이다. 그러나 단점으로는 부의 증식에는 적합하지 않다는 것 즉, GPL채권으로 큰 부자가 되는 것은 어렵다는 것이다. 필자가 생각하는 부자 되는 방법은 크게 두 가지가 있다. 첫째는 사업을 해서 많은 돈을 버는 것이고, 두 번째는 자산을 소유하고 그 자산의 가격이 상승하여 시세차익을 얻는 것이다. 자 한번 떠올려보자. 당신은 부자 그러면 누가 떠오르는가? 주변에 부자가 있다면 그 사람들을 생각해보자. 그들은 어떻게 부자가 되었는가? 필자가 말한 두 가지 중에 하나 이상에 해당할 것이다(로

또와 상속 증여는 본인 힘으로 한 것이 아니니 제외하자). 보통 자수성가한 사람들을 보면 사업을 통해 돈을 많이 벌고 그 돈으로 자산을 취득하여 매매차익까지 얻게 된다. 사업을 통해 돈을 많이 벌고 그 큰돈을 은행에 넣어두기만 하는 사람은 없을 것이다. 그리고 한국 사회에서 부동산은 불패라는 신화적인 존재로 추앙받아 왔다. 상황이 이렇다 보니 큰돈이 생기면 대부분 부동산을 취득하게 되고 시간이 지나 부동산의 가치가 상승하여 또 한 번의 자산증식이 일어나게 된다. 그럼 그 부동산을 담보로 대출을 받아 다른 부동산을 또 한 번 취득한다. 그 부동산 또한 시간이 지나면 가격이 오른다. 이렇게 선순환의 사이클이 돌며 부자는 점점 부자가 되는 것이다.

그럼 부자가 되려면 꼭 사업을 해서 큰돈을 벌어야 하는 것일까? 그렇지는 않다. 일반적인 직장 생활을 하면서도 부자가 된 사람들은 많이 있다. 그들은 사업에 성공한 사람처럼 큰돈을 번 것도 아닌데 어떻게 부자가 된 것일까? 바로 자산 취득이다. 여기서 말하는 자산 취득은 주식과 부동산을 말한다. 그중에서도 부동산에 더 가깝다고 볼 수 있다. 필자의 지인 중에는 15년간 부동산 투자를 해서 현재 100억 대 자산가가 된 사람이 있다. 물론 이 사람은 직장인으로서 월급을 받는 근로소득자이다. 이 사람이 부자가 될 수 있었던 이유는 여러 가지가 있겠지만 핵심은 자산을 취득했고, 자산의 가격이 올라갔다는 것이다. 이 부분이 필자가 말하고 싶은 GPL채권의 단점이다.

　GPL채권은 이자수입으로 안정적인 현금흐름을 만드는 데에는 최적화되어 있다. 그러나 필자의 지인처럼 부자가 되는 것은 아니라는 것이다. 부자가 되는 두 가지 방법에 포함되지 않는 것이다. 그러나 매월 들어오는 소득은 우리에게 굉장한 매력으로 다가온다. 언제부터인가 욜로(YOLO)라는 말과 시간적 자유라는 말들이 유행하기 시작했다. 이 말들의 공통점은 돈에 얽매이지 않고 내가 원하는 시간들로 내 삶을 채워나가겠다. 뭐 이 정도라고 정리해 볼 수 있을 것 같다. 돈의 소중함과 무서움은 알지만 나의 한 번뿐인 인생을 돈 버는 데만 쓰지 않고 어느 정도 경제적인 부분이 해결되면 하고 싶은 것들을 하며 자유롭게 살고 싶다는 것이다. 그게 행복인 것이라고 생각하는 것이다. 물론 잘못된 것도 틀린 것도 아니다. 사람은 개인마다 원하는 바가 있기 마련이니 말이다. 이런 시대적 유행(?)이 있다 보니 이들에게는 일하지 않아도 들어오는 돈이 필요했고, 그 방안으로 GPL채권을 선택하는 이들이 많아졌다. 그리고 그중에는 30~40대 고객들도 있었다.

　필자는 30~40대 고객들이 오면 정중히 GPL채권 투자를 다시 생각해보시라고 안내드렸다. 이유는 간단하다. 사람의 생각은 바뀔 수 있다. 필자도 살면서 생각이 바뀐 걸 참 많이 느낀다. 불과 3년 전에 내가 진리라고 믿었던 것들이 지금 전혀 가치롭지 않은 것들이 있다. 고객들도 생각이 바뀔 수 있다. 그리고 생각이 바뀌었을 때 후회하지 않으려면 선택권이 있어야 한다. 본인이 원하는 삶을 살 수 있는 선택권 말이다. 자본주의 사회에서 선택권은 돈의 양이 결정한다. 차갑게 들리겠지만 한국도 자본주의 사회이고 우리 모두의 자유의지는 돈에 의해서 결정되기도 한다. 당장 30~40대 고객들이 GPL채권을 통해 이자소득이 만들어지면 굉장히 행복할 것이다. 그러나 시간이 지나서 생각이 바뀌었는데 그때 이미 자산 가격들이 많이 올라 있다면 오늘의 선택이 얼마나 후회스럽겠는가? 지난 몇 년간 30~40대 고객들이 GPL채권에 투자하겠다고 했을 때 부동산 투자를 해보면 어떻겠느냐고 제안을 했고 그중 상당수가 실제 투자를 진행했다. 결과론적 이야기이긴 하지만 그들은 지난날 GPL채권에 투자하지 않은 걸 굉장히 감사해하고 있다.

조기 상환의
번거로움

필자가 대부법인을 운영하면서 많은 고객분들과 함께하는데 이때 유일하게 볼멘소리를 듣는 게 하나 있다. "또 조기 상환됐어요?"이다. GPL채권은 만기가 1년으로 되어 있다. 만기가 1년이라 하여 무조건 1년간 투자가 되는 것은 아니다. GPL채권은 돈을 빌려주고 이자를 받는 것인데, 채무자가 만기가 되기 전에 상환을 하면 그 GPL채권은 종료되는 것이다. 투자자는 원금과 이자를 돌려받고 그 다른 GPL채권으로 다시 투자를 진행해야 한다. 다행히도 필자의 대부법인은 물건이 많이 있어 중도 상환됐을 때 다시 투자할 물건이 없거나 오랫동안 기다려야 하거나 그러지는 않는다. 그러나 투자자 입장에서는 이 또한 번거롭다. GPL채권 재투자를 위해서는 계약서도 작성해야 하고 질권 설정을 위한 초본도 준비해주어야 한다. 어떻게 보면 별일 아니지만 1년 만기가 채워지지 않았다는 관점에서 보면 번거로운 일이다. 심한 경우에는 1년에 세 번이나 조기 상환이 된 고객분도 계신다. 조기 상환의 책임이 필자의 대부법인에 있는 건 아니지만 너무 민망하고 죄송스러웠다. 고객 또한 대부법인의 운영 미숙이나 실수가 아닌 채무자의 사정에 의해 이루어진 일이니 뭐 할 말은 없다. 그러나 번거로운 것은 사실이니 약간의 볼멘소리가 나오기도 한다.

이 부분에서 필자는 꼭 하고 싶은 말이 있다. 조기 상환이 되지 않게 하는 방법을 필자는 알고 있다. 바로 LTV 비율이다. GPL채권이 중도 상환되는 경우는 여러 가지 경우의 수가 있겠지만 가장 많은 비중을 차지하는 건 타 대부법인을 통한 대환이다(타 대부법인에서 대출을 받아 필자의 대부법인에서 받은 대출을 상환하는 것). 채무자 입장에서는 같은 담보로 더 많은 돈을 빌려주는 업체를 통해 유동성을 확보하고 더 많은 투자 또는 자금 활용에 니즈가 있다. 필자의 대부법인은 LTV 75%이다 보니 타 대부법인에 비해 낮은 편이다. 그러다 보니 종종 중도 상환이 이루어지는 것이다. 만일 필자의 대부법인 LTV 비율이 85~90% 정도가 되면 중도 상환 비율은 현재의 5% 이내로 줄어들 것이다. 물론 LTV 비율을 높이면 이자도 많이 받을 수 있다. 그러나 한 가지 문제점이 있다. 이 책을 차례대로 본 독자라면 벌써 눈치챘을 것이다. 바로 안정성이 훼손된다는 것이다.

앞서 우리는 채권매입약정이라는 것을 알아봤다. 높은 LTV 비율은 채권매입약정이 어렵다. 정리하자면 선택사항인 것이다. 안정성을 지키는 대신 조기 상환의 번거로움을 받아들일 것인가 아니면 안정성이 낮아지더라도 조기 상환의 번거로움을 없앨 것인가의 문제이다. 당신의 선택은 어떠한가? 필자는 이 부분에 있어 1초의 망설임도 없이 번거로움을 받아들이겠다 마음먹었다. 아홉 번 잘되다 딱 한 번만이라도 잘못되면 되돌리기 어려운 게 투자다. 또한 필자가 운영하는 행복재무상담센터의 핵심가치가 안정성이다. 이는 필자의 가치관과 일맥상통하는 것이다. 필자는 잘나가다 딱 한 번의 실수로 남은 삶을 후회 속에서 힘들어하는 사람들을 많이 봐왔다. 그들의 공통점은 욕심이었다. 수익이 많았으면 하는 욕심. 일이 편했으면 하는 욕심. 빨리 됐으면 하는 욕심 등 말이다. 앞으로도 필자는 조기 상환으로 볼멘소리를 들을 예정이다. 이 부분은 개선할 생각이 없다. 볼멘소리를 듣는다 하여 그 누구도 상처받지 않고 힘들어지지 않을 것이며, 오늘의 결정을 후회할 일이 없을 것이라 믿기 때문이다.

GPL채권의 적
대출사기

노력하지 않고 목돈을 노리는 하이에나 같은 자들은 언제나 그리고 어디에나 존재한다. GPL채권 투자 시장도 마찬가지이다. 그렇기에 투자자 입장에서는 계약 관계와 확인해야 할 서류를 꼼꼼히 따져봐야 한다. GPL채권 투자에서 발생되는 사기는 보통 선순위 배당권자가 있는 것을 숨기는 형태이다. 대표적인 부분이 전세입자를 숨기는 것이다. 5장에서 우리는 GPL채권 투자를 할 때 확정일자를 받은 세입자가 있으면 투자하지 않거나 금액을 조정해서 투자해야 한다는 것을 이야기했다. 이유는 확정일자를 받아놓은 세입자가 있으면 선순위 근저당이나 마찬가지이고, 이로 인해

법원배당(경매 시)에서 GPL채권 투자자가 후순위로 밀리기 때문이다. 그래서 우리는 전입세대 열람원을 통해 세입자 유무를 확인한다. 전입세대 열람원에 세입자가 없다면 후순위로 밀릴 일도 없으니 마음 편히 GPL채권 투자를 진행하게 된다.

여기서 문제가 생긴다. 전입세대 열람원은 두 가지가 있다는 것을 모르는 경우가 많다. 전입세대 열람원은 도로명주소로 되어 있는 것과 지번으로 되어 있는 것 이렇게 두 가지가 있다. 만일 전입신고를 도로명주소로 신청했다면 도로명주소로 된 전입세대 열람원에만 전입되어 있는 사람이 표시되고, 지번으로 되어 있는 전입세대 열람원에는 세입자가 없는 것으로 나온다.

[전입세대 열람원_도로명]

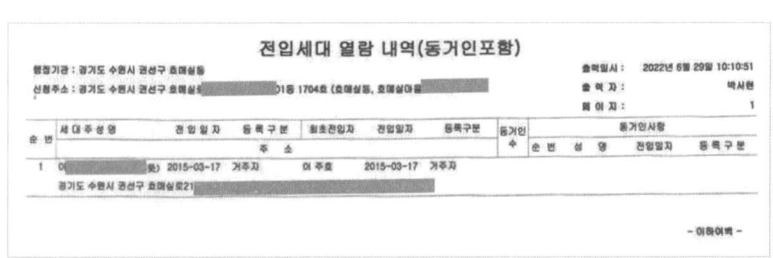

[전입세대 열람원_지번]

정말 어이없지만 아직 우리나라 행정 시스템이 여기까지밖에 되지 않는 것이 현실이다. 실제로 이 사실을 몰라 투자금을 잃은 사례들이 여럿 있다. 말 그대로 사기를 친 것이다. GPL채권 투자자는 담보가 확실해서 진행한 것인데 어처구니없는 함정에 빠진 것이다. 물론 이런 일이 발생하면 민형사상의 책임을 물릴 수 있다. 세입자가 있어 투자자가 손해를 볼 수 있다는 걸 알고 있는 상태에서 세입자가 없는 것처럼 속인 것이니 말이다. 그러나 민형사상의 책임을 물을 수 있다 하여 투자금 회수가 가능해지는 것은 아니니 애초에 이런 상황이 발생하지 않도록 주의하는 것이 필요하다.

다행히 이 책을 접한 당신은 이런 유형의 위험을 어떻게 예방하는지는 금방 눈치챘을 것이다. 전입세대 열람원을 도로명과 지번으로 각각 확인하면 되는 것이다. 너무나 간단한 일이다. 모든 위험은 이런 서류 확인 절차만 잘 진행해도 방어할 수 있다. 그러나 어떤 서류를 어떻게 확인해야 하는지를 모르기 때문에 실수를 범하게 된다. 필자의 대부법인은 1,000억 원에 가까운 GPL채권을 투자하면서 단 한 건의 사고도 발생하지 않았다. 이유는 간단하다. 각 분야의 전문가(변호사, 법무사, 세무사, 부동산 박사, 공인중개사)들과 대부시장 전문가들이 모여 이런 리스크에 대해 끊임없이 연구하고 대응하기 때문이다. 리스크 관리 부분에서 언급한 서류들이 바로 GPL채권의 안정성을 만들어주는 방패들인 것이다.

필자는 지금도 사기꾼들이 우리를 어떻게 위협할지 가상으로나마 시뮬레이션해 본다. 우리의 눈을 어떻게 가리려고 할까? 우리에게 허점은 무엇이 있는가?를 늘 생각한다. 사기꾼은 사기를 치기 위해 나름의 노력하는데 큰돈을 만지는 사람이 노력하지 않으면 말이 안 되는 것이다. 대부법인이 노력하는 만큼 투자자는 마음이 편해지고 그만큼 GPL채권 시장은 커질 것이다. GPL채권 공급자 역할을 하는 대부법인들이 노력하여 GPL채권 시장의 투명함을 만들어갔으면 하는 바람이다.

대부법인을
못 믿겠다

쥐도 궁지에 몰리면 고양이를 문다고 했다. 사람이 살다가 상황이 극복할 수 없을 정도로 어려워지면 해서는 안 되는 결정을 하기도 한다. 평소에는 상상도 할 수 없는 일들이 특정 상황이 조성되면 아무렇지 않게 받아들여지는 것이다. 남은 생을 마감하기도 하고 남에게 큰 피해를 입히기도 한다. 슬픈 얘기지만 이런 얘기가 있다. 필리핀에 가면 사기꾼들 집성촌이 있다고 말이다. 한국에서 사기를 치고 섬이 7,000개가 넘어 잘 잡히지 않는 필리핀으로 도망간다는 것이다.

GPL채권 얘기를 하다가 갑자기 왜 이런 얘기를 할까? 대부법인이 사기를 칠 수도 있다는 말을 하려고 한다. GPL채권 투자의 구조를 보면 대부법인으로 입금한 돈이 차주에게 전달되고 차주는 대부법인에게 원리금을 상환하고 대부법인이 투자자에게 원리금을 상환하는 방식이다. 성실하고 아이 키우고 가족 건사하며 정상적(?)으로 살아가는 사람들은 그럴 확률이 적지만 상황이 몰리게 되면 이런 사람들도 투자자가 입금한 돈을 차주에게 보내지 않고 도망갈 수도 있다.

필자도 어떤 상황에 몰리면 이렇게 되지 말라는 법은 없다. 그래서 그런 상황이 되지 않도록 노력할 뿐이다. 여기서 질문이 들 수 있다. "질권 설정되어 있어서 안전하다면서요?" "중개 역할을 하는 대부법인이 망하거나 없어져도 문제 될 거 없다고 했잖아요?"라고 말이다. 물론 맞는 말이다. 질권 설정이 되어 있으면 대부법인은 원리금 회수에 편의를 제공하는 수준이지 그다지 중요한 존재가 아니게 된다. 문제는 질권 설정이 되기 전까지이다. 질권 설정이 되는 과정을 보면 대부법인이 차주에게 대출을 내보내고 근저당권을 설정한다. 대부법인 이름으로 근저당권이 설정되면 그다음 질권 설정 접수를 하고 투자자 이름으로 질권이 설정된다. 이 모든 기간은 길면 2주가 걸릴 수도 있다.

이 얘기는 투자자 입장에서는 대부법인에 돈을 입금하고 1~2주 정도의 기간이 지나야 질권 설정이 된 걸 확인할 수 있고 그사이에는 아무런 권리가 없는 상태로 기다리게 된다는 것이다. 만일 대부법인이 여러 사람한테 돈을 받아 도망가면 그 사실을 1~2주 안에는 알 수 없고, 질권 설정이 되지 않는 것을 보고 뒤늦게 알게 된다는 것이다. 일반적인 일은 아니지만 충분히 있을 수 있는 일이다. 이런 점을 생각하는 투자자는 대부법인에게 이렇게 요청한다. 질권 설정되면 돈을 입금하겠다고 말이다. 그럼 앞서 질권 설정되기 전에 발생할 수 있는 위험은 완벽하게 제거할 수 있는 것이다. 그러나 대부법인에서는 그렇게 하지 않는다. 왜냐하면 투자자가 대부법인을 믿지 못할 수 있듯, 대부법인도 투자자를 믿지 못할 수 있기 때문이다. 만일 질권 설정을 했는데 돈을 입금하지 않으면 그만큼 대부법인이 손해가 나는 것이다. 양쪽의 입장이 충분히 이해된다.

서로 신뢰할 수 있다면 전혀 문제가 되지 않겠지만, 신뢰하지 못하는 상황이라면 해결의 실마리가 보이질 않는다. 어느 한쪽이 위험을 무릅써야 하는 상황인 것이다. 그러나 그렇게 하기에는 GPL채권 투자금액이 너무 큰돈이다. 그러나 다행히 이 부분은 의외로 쉽게 해결 가능하다. 바로 에스크로 제도를 활용하는 것이다. 에스크로 제도란 대부법인과 투자자 이외에 제3자를 계약 관계에 개입시키는 것이다. 예를 들어, 투자자는 질권 설정이 되기 전 입금하기 부담되고 대부법인은 투자금을 받기 전에 질권 설정을 하는 것이 부담된다면 법무법인을 통해 계약을 진행하는 것이다. 투자자는 투자금을 법무법인의 계좌에 입금한다. 그리고 투자자 이름으로 질권 설정이 접수되는 게 확인되면 법무법인은 대부법인에게 투자금을 입금하는 것이다. 즉, 중간에 법무법인의 변호사가 계약의 안정성을 보장하는 것이다. 그럼 양측 모두 마음 편하게 계약을 진행할 수 있게 된다. 물론 이때에는 법무법인에게 수수료를 지불해야 한다. 대부법인과 신뢰관계가 형성되어 있지 않은 상태라면 에스크로 제도를 활용하는 것이 투자자의 심리적 부담에 큰 도움이 될 것이다.

8

그 밖의 이야기

GPL채권 투자 언제까지 할 수 있을까?

GPL채권을 새롭게 접한 사람들은 "이런 게 있는지도 몰랐고, 알았으면 진작 할걸 그랬어요."라는 말을 많이 한다. 그러면서 덧붙이는 말은 "GPL채권 투자 방식이 언제까지 유효할까요?"이다. 당신이 알고 나서 얼마 활용하지 못하고 없어지지는 않을지 우려되는 것이다. 이렇게 GPL채권처럼 마음 편히 현금흐름을 만드는 것이 또 없기 때문에 없어지지 않기를 바라는 것이다. 그러나 안타깝게도 세상에 영원한 것은 없다. GPL채권 또한 영원하지 않을 수 있다. 앞으로도 GPL채권 투자가 유의미하려면 은행의 수신(예적금) 금리는 낮고(은행 이자 높으면 굳이 GPL채권에 투자하지 않고 은행에 맡기면 된다), 은행권에서 대출이 어렵고(은행 대출이 잘되면 상대적으로 대출금리가 높은 대부법인을 이용할 필요가 없다), 대부업 법정 최고금리 제한 등의 몇 가지 조건이 맞아떨어져야 한다.

우선 금리 부분을 살펴보자. 당신은 향후 금리가 어떻게 될 것이라고 보는가? 필자의 생각으로는 금리는 앞으로 오를 만큼 오른 후 다시 내려갈 것이라고 본다. 지금(22년 7월)은 금리 상승기이고 현재 기준금리가 2.25%이지만 현재 이슈가 되고 있는 인플레이션이 잡히기 시작하면 금리는 차츰 내려갈 것이라 보는 것이다. 저금리가 영원하지 않듯, 현재의 고금리(?)도 영원하지 않을 것이다. 또한 전 세계적인 통화량의 증가는 금리의 상승을 제한하게 될 것이다. 금리는 경제 상황에 따라 등락을 반복하게 되는데 한번 내려간 금리는 이전의 최고금리를 넘기지 못하는 경향이 있다. 이유는 과거보다 현재에 풀려 있는 돈의 양(통화량)이 많고 이런 상황에서 금리를 과거처럼 올리면 경제에 악영향을 미칠 수도 있기 때문이다.

두 번째는 부동산 대출 부분이다. 대출은 정부의 정책에 따라 크게 달라진다. 보통은 부동산 가격이 상승하면 대출이 어려워지고, 집값이 떨어지면 대출이 쉬워진다. 2015년 부동산 시장이 얼어 있던 박근혜 정부는 '빚내서 집을 사라.'는 시그널을 보낼 정도로 대출이 쉬웠고, 부동산 가격이 상승하던 문재인 정부 때는 '빚내서 집 사면 큰일 날 수도 있습니다.'라는 시그널을 보낼 정도로 대출을 제한했다. 윤석열 정부인 현 정부는 문재인 정부 때 만들어진 정책들이 이어져 오고 있다(일부 변경된 건 있다). 그럼 앞으로는 어떻게 될까? 글쎄, 이 부분은 시간이 지나봐야 알 것이다.

만일 은행에서 부동산담보대출을 쉽게 받을 수 있다면 어떻게 될까? GPL채권 투자 시장은 없어질까? 아니다. 이런 시기가 오면 살아남는 대부법인만 살아남고 대부분의 대부법인들은 문을 닫는 상황이 올 것이다. 이유는 간단하다. 은행에서 아파트 담보대출이 잘되면 상대적으로 이자가 높은 대부법인을 통해 자금조달을 하는 사람들이 줄어들 것이기 때문이다. 대부법인을 통한 자금조달이 줄어드는 만큼 투자할 GPL채권도 줄어드는 것이다. 줄어든다는 표현을 쓴 건 그런 시장이 되어도 대부시장을 이용하는 수요는 존재하기 때문이다. 그러나 대출이 막혀 있을 때보다 현저히 줄어들 것은 자명한 사실이다.

그럼 대부법인들은 그 차주(대부법인에서 담보대출받을 사람)를 확보하기 위해 경쟁을 할 것이고 경쟁에서 승리하여 차주를 확보한 대부법인들만 GPL채권 투자를 지속할 수 있을 것이다. 필자는 이 부분을 잘 알고 있고, 시장이 변화에 잘 적응하여 GPL채권 투자를 계속하고 싶기 때문에 지금부터도 향후 시장을 준비하고 있다. 어떻게 대비하고 있는지는 영업 비밀(?)이라 말할 수 없는 점을 양해 바란다. 혹여나 오프라인상에서 만나게 된다면 속 시원하게 이야기하도록 하겠다.

마지막으로 대부업 법정 최고금리를 이야기해 보자. 개인이건 대부법인이건 돈을 빌려주고 받을 때는 나라에서 정한 최고금리를 지켜야 한다. 대부법인의 법정 최고금리는 2007년 연 66%에서 2022년 현재 20%로 내려와 있다. 그럼 앞으로는 어떻게 될까? 변화되어 온 추이를 보면 법정 최고금리가 다시 올라갈 일은 없을 것이라 보이고, 지금보다 내려갈 가능성은 열려 있다고 보는 게 상식적일 것이다. 20대 대선의 한 후보자는 공약으로 법정최고금리 10%를 이야기한 바 있다. 만일 이런 정책이 시행되면 대부분의 투자자들은 GPL채권에 투자하기 어려워질 것이다. 왜냐하면 금리가 낮기 때문에 물건을 구하고 중개 역할을 하는 대부법인의 수익성이 떨어지게 되고, 수익성이 떨어지니 GPL채권을 시장에 공급하는 일도 줄어들게 될 것이다. 그럼 결국 물건을 직접 구하지 못하는 일반 투자자들은 GPL채권을 구경하기 힘들어질 것이고 필자와 같은 대부법인을 전문적으로 운영하는 사람들만 GPL채권에 투자하게 될 것이다.

장래에 실제 이런 상황이 발생할지는 모르겠지만, 필자는 지금부터 이 부분을 염두에 두고 투자자와의 상생을 준비하고 있다. 콜럼버스의 달걀처럼 생각해보면 별거 아닌데, 모르면 상상도 할 수 없는 일들이 세상에는 많이 있다. 이 부분도 마찬가지이다. 일반 투자자가 계속해서 GPL채권에 매력을 느낄 수 있도록 준비하고 있는 내용은 필자 나름의 사업전략이라 이 책에서 다루지 못하는 점을 널리 양해 바란다.

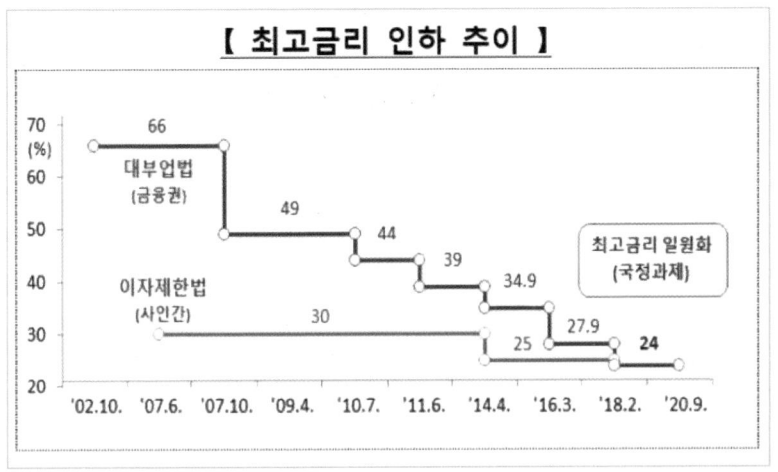

(출처: 금융위원회)

GPL채권은
이자소득세가 27.5%?

이자소득은 국세 14%에 지방세 1.5%가 더해져 15.4%이다. 이 세율이 우리가 보통 알고 있는 이자소득세율이다. GPL채권은 이자소득을 만들어준다. 그런데 우리가 익히 알고 있는 이자소득세인 15.4%의 세율을 적용하지 않고 비영업대금의 이익이라는 27.5%의 세율을 적용한다. 투자자들은 GPL채권에 투자하고 받는 소득은 분명히 이자소득인데 왜 이자 소득세가 아닌 비영업대금의 이익이라는 이름으로 세율을 적용하는지 의아해한다.

이자소득에는 총 다섯 가지가 있고, 그중 우리가 흔히 적용받는 세율이 14%이기 때문에 여기에 지방세를 더한 15.4%가 이자소득세라고 알고 있는 것이다. 면밀히 들어가 보면 표에서 보듯 이자소득 안에 비영업대금의 이익이라는 항목이 있다. GPL채권은 25%의 비영업대금의 이익을 적용받는 것이다.

□ **원천징수 세율**
● 거주자 및 내국법인

			과세표준	구분	세액
개인	이자		비영업대금의 이익	25%	
			직장공제회 조과반환금	기본세율	연분연승법 적용
			실지명의가 확인되지 아니하는 소득	42%	
			금융실명법(제5조)에 따른 비실명소득(차등과세)	90%	
			그 밖의 이자소득	14%	
	배당		출자공동사업자의 배당소득	25%	
			실지명의가 확인되지 아니하는 소득	42%	
			금융실명법(제5조)에 따른 비실명소득(차등과세)	90%	
			그 밖의 배당소득	14%	
	사업		원천징수 대상 사업소득	3%	
	근로		근로소득(연말정산)	기본세율	
			매월 분 근로소득	기본세율	
			일용근로자 근로소득	6%	
	연금		국민연금·공무원연금 등	기본세율	
			이연퇴직소득의 연금수령	(이연퇴직소득세/이연퇴직소득)×70(60*)% *연금실제수령연차가 10년 초과시	
			퇴직연금·사적연금	3~5%, 4%	
	기타		복권당첨금	20%	3억원 초과 30%
			연금계좌의 연금외수령	15%	
			종교인소득(연말정산)	기본세율	
			매월분 종교인소득	기본세율	간이세액표 적용
			기타소득(봉사료수입금액 적용분 제외)	20%	봉사료 5%
	퇴직		퇴직소득	기본세율	연분연승법 적용
법인	이자	이자소득	비영업대금의 이익	25%	
			그외	14%	
	배당		투자신탁의 이익	14%	

(출처: 국세청)

P2P와 대부법인
GPL채권 투자의 차이점

    P2P 회사에도 GPL채권에 투자하는 상품이 많이 있다. 투자 형태도 비슷하고 매월 이자를 받는 것도 비슷하다. 다만 다른 점은 투자금액 한도와 질권 설정 여부다. P2P사는 투자금액이 제한되어 있는데 1인당 전체 P2P사에 투자할 수 있는 금액은 3,000만 원이다. 물론 전문투자자나 법인 투자자는 더 많은 금액을 투자할 수 있다. 그러나 큰 금액을 투자하기에는 다소 부담이 있다. 왜냐하면 질권 설정이 불가능하기 때문이다. 물론 신뢰감을 주고 훌륭하게 잘 운영되고 있는 P2P사들도 많이 있다. 그러나 투자자 입장에서는 신뢰도 중요하지만 누구도 건드릴 수 없는, 내 손에 쥐

어지는 안전장치를 원하기 때문에 큰 금액을 질권 설정 없이 투자하기란 여간 부담되는 일이 아닐 수 없다.

P2P사가 질권 설정이 안 되는 이유는 1만 원부터 투자가 가능한 회사들도 있는데 이런 소액투자자들에게 질권 설정해주는 것은 현실적으로 불가능하기 때문이다. 질권 설정 비용이 더 많이 들 것이기 때문이다. 물론 큰 금액을 투자하는 법인 투자자에게는 질권 설정이 가능했었다. 그러나 현재는 온라인 투자 연계 금융업법(이하 온투법)자는 질권 설정을 할 수 없게 되어 있다. P2P는 온투법을 따르는데 질권 설정을 하면 대부업과 다를 바 없기 때문이다. 아마도 정부는 온투법을 통해 P2P사를 제도권으로 편입하고 현재 대부업에서 제공되지 않는 서비스를 그들이 제공하기 바라는 것 같다.

대부법인은 앞서 살펴본 두 가지 부분에서 P2P사와 정반대이다. 필자의 대부법인을 기준으로 이야기하면 GPL채권 투자 최소금액은 3,000만 원이고 모든 투자자에게 질권 설정을 한다. 그렇기 때문에 상대적으로 소액인 투자자는 P2P사를 이용하고 상대적으로 큰 금액의 투자자들은 대부법인을 이용하는 것이 일반적이다.

GPL채권 투자를 위한 업체 선정 기준은?

　GPL채권 투자를 함에 있어 물건 확보부터 권리 분석 및 리스크 관리를 직접 할 수 있다면 고민사항이 아니겠지만 대부분의 GPL채권 투자자들은 이 분야의 전문가가 아닐 것이다. 그렇기 때문에 대부분은 대부법인과 함께 투자를 하게 된다. 그리고 이왕이면 좋은 업체와 함께 GPL채권 투자를 진행하기를 원한다. 그럼 여기서 좋은 업체란 무엇일까? 개인마다 기준은 다를 수 있지만 아마 공통적으론 세 가지 부분을 이야기할 것이다. 좋은 물건을 끊임없이 공급해줄 수 있는 것과 업무처리에 세련미이다. 그리고 마지막으로 롱런할 수 있는 업체인지 여부이다.

GPL채권 투자자가 대부법인에게 원하는 것은 좋은 물건을 잘 공급해줘서 투자할 수 있도록 해주고 이자 받고 원금 회수하는 과정의 일 처리가 프로다운 것. 그리고 오래도록 투자 파트너로 함께할 수 있는 것. 이거 말고 대부법인이 투자자에게 제공할 것은 없다. 이 세 가지가 가장 중요한 것이고 나머지는 부가적인 사항이다. 필자도 대부법인을 운영하면서 이 세 가지를 가장 핵심가치로 두고 있다. 그럼 투자 전에 이 세 가지를 어떻게 확인할 수 있을까?

우선 안정적인 물건 공급에 관해서는 그동안 얼마나 많은 GPL채권을 진행했는지 기간 대비 진행한 건수 및 금액을 보면 어느 정도 유추가 가능할 것이다. 한 달에 2~3건 하는 소규모 업체도 많이 있다. 이는 물건 확보가 안 되는 것일 수도 있지만 투자할 고객이 없어서일 수도 있다. 뭐가 됐건 둘 중에 한쪽이라도 적다면 그 대부법인은 경험이 적을 수밖에 없고 대부시장에서 영향력이 작을 확률이 높다. 그럼 물건 공급이 원활하지 못하고 좋은 물건을 제공할 능력이 부족할 수도 있다.

두 번째는 일 처리를 프로답게 하는 것이다. 이는 직접 경험하기 전까지는 알 수 없는 영역이다. 주관적인 부분이기도 하고 정량적인(숫자) 정보로 파악할 수 있는 영역이 아니기 때문이다. 다만, 투자 전 상담 시 상담 능력과 사람을 대하는 태도 등을 살펴보면 좋을 것이고 더 나아가서는 투자자가 많은 업체라면 이미 많은 사람들이 인정한 것이라 볼 수도 있으니 참고하면 도움이 될 것이다. 실제로 일 처리가 프로답지 못하고 허술하다면 그 업체를 통해 많은 사람이 투자를 진행하고 있지는 않을 테니 말이다. 강원도 속초 중앙시장에 가면 여러 개의 닭강정 집이 있다. 그중 손님이 줄 서 있는 곳은 만석닭강정 한 곳뿐이다. 소비자는 냉정한 사람이다. 본인에게 유익을 제공하지 않는 집에 줄을 서지는 않는다. 손님이 많은 가게는 이유가 있는 법이다. 대부법인도 마찬가지이지 않을까 생각한다.

마지막으로 롱런하여 투자자와 함께 오래도록 윈-윈할 수 있는지 여부다. 아무리 좋은 파트너라도 금세 사라진다면 의미가 없다. 필자의 대부법인을 찾는 고객분들 중에는 타 대부법인에서 GPL채권 투자를 하던 분들이 꽤나 있어. 상담 시 필자는 여쭤본다. "투자하시던 업체가 있으신데 저희를 찾게 된 이유는 무엇인가요?" 이 부분을 알면 고객만족도를 높일 수 있도록 노력할 수 있기 때문에 항상 질문한다. 그럼 "업체가 문을 닫았어요."라는 답변을 하는 분들이 꽤나 많이 있다. 그동안 어떤 방식의 투자가 진행됐었는지 얘기를 들어보니 그 업체가 문을 닫는 것이 이해가 됐다.

쉽게 말해, 투자자에게 많은 이익을 주기 위해 업체는 마진을 거의 남기지 않은 것이다. 아니 정확히 말하면 투자자에게 선택받기 위해 자신들의 마진을 줄인 것이다. 셀프 치킨게임을 한 것이다. 대부법인이 사업을 하는 이유는 돈을 벌기 위함인데 돈을 벌지 못하니 당연히 문을 닫게 된 것이다. 투자자 입장에서는 높은 이자를 제공해주면 매력적일 것이다. 그러나 그런 업체는 돈을 벌지 못하기 때문에 롱런하기 어려울 수 있다. 업체가 문을 닫으면 또 다른 업체를 찾아야 하고 또 그 업체에서 같은 일이 반복되면 또 업체를 찾아야 한다. 그러니 이는 GPL채권 투자의 핵심과 반하는 것이다. 신경 쓰지 않아도 안정적으로 이자소득이 들어오는 구조를 만들기 위해 GPL채권 투자를 하는 것인데 매번 업체 찾아 삼만 리가 되는 것이다.

필자는 철저하게 윈-윈을 생각한다. 대부법인과 투자자 중 어느 한쪽에 이익이 집중되면 그 관계는 절대 오래갈 수 없다. GPL채권 한두 번 투자할 게 아니라 남아 있는 노년생활에 함께할 파트너를 찾는다면 이익을 많이 주는 곳만을 찾지 말고 앞서 말한 세 가지를 종합적으로 고려해보기 바란다.

e·p·i·l·o·g·u·e

돈을 매개로 사람을 만나는 일을
16년째 하고 있다.

10년이면 강산도 변한다 했으니 제법 오래 한 길을 걸어온 셈이다. 여태까지 만난 수많은 사람 중에 재테크와 돈을 터부시하는 사람은 있어도, 돈을 최우선으로 생각하는 사람은 단 한 명도 없었다. 의외이지 않은가? 우리는 아침에 눈을 뜸과 동시에 돈 벌러 나와서 그 돈으로 나와 가족들의 삶을 그리고 내일을 그려나가고 있다. 직장에서 더럽고 치사해도 내일 아침 또다시 출근하는 이유는 돈 때문이다. 근데 돈을 터부시는 해도 돈이 최우선이 아니라는 것은 어찌 보면 역설적일 수도 있다.

왜 이런 현상이 나타나는 것일까? 우리는 알고 있는 것이다. 돈이 전부가 아니라 돈은 수단일 뿐이라는 것을. 한때는 누구나 돈에 목마르고 돈 때문에 살고 돈 때문에 죽을 것 같은 시기가 있다. 그러나 결국 우리는 돈보다 가치 있다는 것을 다시 한번 깨우치고 그것들로부터 힘을 얻어 하루하루 살아가게 됨을 느끼게 된다.

적어도 인생 2막에는 돈 벌러 나가느라 가장 소중한 것들을 포기하지 않을 수 있으면 한다. 그것이 사람이건 활동이건 시간이건 말이다. GPL채권을 시장에 공급하면서 뿌듯함을 느낀다. 인생 2막의 생활을 자신이 원하는 시간으로 채워나갈 수 있도록 기여한다는 것. 손주들 재롱 보고, 배우자와 맛집 투어를 다니는 동안에도 그들의 계좌에는 따박따박 돈이 들어간다. 그들이 열심히 살아온 시간에 우리가 작은 손가락을 대어준 결과물이다. 잘 만들어진 톱니바퀴에 기름 한 방울 뿌려준 정도이다. 그 기름 한 방울로 행복의 크기는 더욱더 커진다는 것을 잘 알고 있다.

또한 누군가에게 절실히 필요한 것을 제공한다는 것은 굉장히 가슴 뛰는 일이다. 스스로의 가치를 인정하게 되고, 아침에 눈을 떠야 하는 이유가 생긴다. 그리고 우리는 우리의 일을 하는 것뿐인데 감사의 인사를 받게 된다. 참으로 감사한 일이다.

  한때 유행했던 카드회사 광고 문구에 한 문장을 더해 이 책을 마무리하려고 한다.
  열심히 일한 당신 떠나라. GPL채권이 당신 대신 일할 것이다.